实用幼儿园区域活动指导丛书

科学区
活动指导手册

林玉萍 / 丛书主编　李国霞 / 本书主编

KEXUEQU HUODONG
ZHIDAO SHOUCE

北京师范大学出版集团
BEIJING NORMAL UNIVERSITY PUBLISHING GROUP
北京师范大学出版社

图书在版编目(CIP)数据

科学区活动指导手册 / 李国霞主编. —北京：北京师范大学
出版社，2017.11 (2020.12重印)
（实用幼儿园区域活动指导丛书/林玉萍主编）
ISBN 978-7-303-22237-7

Ⅰ.①科… Ⅱ.①李… Ⅲ.①活动课程－学前教育－教学参
考资料 Ⅳ.①G613.7

中国版本图书馆 CIP 数据核字(2017)第 077438 号

营 销 中 心 电 话　010-58802181　58805532
北师大出版社职业教育与教师教育分社网　http://zjfs.bnup.com
电 子 信 箱　zhijiao@bnupg.com

出版发行：北京师范大学出版社　www.bnup.com
　　　　　北京市西城区新街口外大街 12-3 号
　　　　　邮政编码：100088
印　　刷：天津旭非印刷有限公司
经　　销：全国新华书店
开　　本：787 mm×1092 mm　1/16
印　　张：13.5
字　　数：240 千字
版　　次：2017 年 11 月第 1 版
印　　次：2020 年 12 月第 2 次印刷
定　　价：38.00 元

策划编辑：罗佩珍　　　　　责任编辑：薛　萌
美术编辑：焦　丽　　　　　装帧设计：焦　丽
责任校对：陈　民　　　　　责任印制：陈　涛

丛书编委会

主　编：林玉萍
副主编：曹春香　尹　荣　贾玉玲　郭丽华
　　　　裴金凤　瞿佼莉　李国霞　张慧芬
编　委：王丽萍　段玉娟　牛红霞　张　敏
　　　　张　卫　刘凌云　宋莉岩　孙义杰
　　　　李延萍　胡雪莲　曹　畤　王　颖
　　　　李亚南　李凤真　张晓红　蔡艳芳
　　　　罗秀珍　陈丽娟　王　佳　于　彦
　　　　石金平　卜妮雅

本书编委会

以游戏为基本活动促进幼儿发展，是学前教育的最高追求。区域活动是组织游戏的最佳形式之一。如何精准发力、寓教于乐开展好区域活动，是幼儿教师专业水平的最好体现。

从当前幼儿园教育实践现状来看，幼儿教师能认识到区域游戏是实现幼儿快乐发展的有效方式，也在一日生活中留出大段时间、开辟班级空间让幼儿进入区域进行游戏，但我们看到的现象是幼儿天天区域走过场、日日发展靠自然。究其原因，是教师缺乏整体设计组织、区域活动的意识和能力。创设有准备的区域游戏环境，使幼儿在轻松、愉快、不露教育痕迹的小天地中，通过与材料的互动、与同伴的互动、与教师的交往获得发展，是我们编写本套丛书的初衷。

本套丛书的编写人员来自北京市区级、市级示范幼儿园，他们当中既有实践经验丰富的骨干教师、创新能力强的年轻教师，又有理论知识过硬、归纳概括能力强的一线教科研工作者。百余人组成的编写队伍围绕着一个共同的目标，就是把自己多年积累的实效性强的做法，以及园内开展区域游戏取得的经验，通过梳理、归纳、总结转变为规律性、可借鉴的材料，毫无保留地呈现给大家，通过最直接、最有效、最专业的引领，帮助广大学前教育工作者快速掌握开展区域游戏的秘诀。只有育人环境优化了，才能从根本上解决尊重儿童学习特点和保障儿童权益的问题，使广大儿童在游戏中学习和发展的愿望成为现实。

本套丛书力求将区域游戏课程理论化为实操性强的教师手边指南，为此编写时注重实用性和指导性，图文并茂、展示情景，可谓一书在手，游戏全有。同时，在编写体例上，在调查了众多教师在教学中存在的实际困难后，本套丛书专门设置了最基本的五方面内容，理论性与实践性兼得，常见问题与解决策略对接，使读者知其然更知其所以然，能够更好地举一反三解决问题。

具体而言，本套丛书各分册在统一框架下安排如下五方面内容：

第一章　认识＊＊区（包括＊＊区的内涵、功能、活动类型）
第二章　＊＊区的环境创设和材料投放

第三章　＊＊区活动的组织原则和指导策略

第四章　＊＊区活动案例及分析（分别对小、中、大三个年龄班的区域活动案例进行分析）

第五章　＊＊区活动组织中的常见问题（分别指向小、中、大三个年龄班区域活动常见问题并对其进行解答）

丛书各分册均根据不同区域特点，结合实例、图片进行解读，帮助读者直观掌握要领。

区域游戏是幼儿最重要的学习方式，对幼儿的发展具有不可估量的价值。希望此套丛书的出版，能为幼儿送去最好的礼物，让他们在教师创设的美好环境中快乐发展。

学前教育是一门实践性非常强的学科，没有最好，只有更好，我们愿和大家一道在幼教改革的田野里不懈耕耘。敬请各位幼教同行不吝赐教、批评指正，谢谢！

林玉萍

2017 年 2 月

前　言

　　科学是人们发现、积累公认的普遍真理，是一种世界观、一种看待世界的方法和态度，探究科学的过程也是人们探索世界、获取知识的过程。幼儿的科学认知一般是一种经验层次的科学认识，是幼儿自我建构的关于世界的认识，是他们对世界的独特理解。幼儿科学教育通常是科学启蒙教育，成人以身边的事物和现象作为科学探索的对象，为幼儿提供大量能够直接观察科学现象和操作科学材料的机会。因此，除了让幼儿经常性地接触大自然以外，设立一个具有挑战性和富有趣味性的科学区也是幼儿科学教育的一种有效途径，幼儿可以在科学区自由选择操作和探索材料，从中获得科学经验，进行自我建构。

　　就目前幼儿园的现状而言，科学区更多的是在班级的活动室内，用一张桌子或者利用角落的一个区域，向幼儿提供操作或制作材料的环境。班级的科学区是供幼儿进行自主科学活动的场所。它为幼儿提供丰富的操作材料和充裕的操作时间，保证幼儿在集体活动之外，有充分的机会接触、摆弄和探索科学材料，自由地、独立地进行各种科学观察、科学实验、科学游戏及科技小制作等活动。同时，幼儿之间也有充分的交往机会，可以相互学习，相互交流。

　　幼儿有着天生的好奇心，在他们看来，周围环境中的许多事物都是新奇的，他们想要观察、探索、操作或摆弄这些事物，并常常向成人提出很多问题，希望成人给予答案。正如杜威所说："儿童有调查和探索的本能，探索是儿童本能的冲动，好奇、好问、好探索是儿童与生俱来的特点。"科学区应以幼儿的兴趣和需要为出发点，以幼儿的主动探究为核心，提供丰富的科学探究材料，培养幼儿对周围事物的好奇心，满足其探究欲望。本书的第一章重点介绍了科学区的内涵与功能，对幼儿园课程建设和幼儿发展有着重要的意义。科学区的创设是幼儿园科学教育活动开展的重要保证和途径。在科学区幼儿可以进行观察实验活动、科学制作活动、生活实践活动。例如，参与种植植物、饲养动物的生活活动，并对动植物的生长变化进行记录。多种的活动类型满足幼儿研究需要。

　　《3～6岁儿童学习与发展指南》中明确指出："幼儿科学学习的核心是激发探究兴趣、体验探究过程、发展初步的探究能力。"对于幼儿来说，他们的科学学习绝对不是记科学、听科学，而是实实在在地做科学，像科学家一样亲历探究的每一个过程，科学区应该是一个安全有序、材料丰富多样，有利于幼儿操作、实验，尽情探索科学奥秘的场所。幼儿在探究的过程中可以学习关于科学现象的直接经验，满足好奇心，因此科学区环境创设要有利于幼儿操作，符合幼儿学习特点和兴趣。具体而言，所提供的材料在数量上一定是丰富的、在类别上一定是多样的，结构简单易操作，符合幼儿兴趣和认知水平。例如：提供幼儿喜欢的金鱼、小乌龟、小蝌蚪，以及幼儿爱做的小实验"种子发芽"所需要的各种材料，让幼儿对动植物的生命成长有初步的感知；提供小电池、万花筒、凹凸镜、平面镜、沉浮和摩擦起电实验等材料，让幼儿在探索过程中获得直接的物理经验。本书中的第二章、第三章重点介绍了科学区的环境创设、材料投放、组织原则及组织策略，满足幼儿好奇、好问、求知欲的天性，遵循科学性、探究性、适宜性、互动性、安全性等原则，促进不同层次幼儿的发展。

皮亚杰早在20世纪20年代就对"儿童的世界观"进行了创造性的研究，发现儿童的自然观念具有"泛灵论"和"人为论"的特点，逐步形成了独特的儿童认知发展理论，出版了《儿童的世界观》一书，他的研究对于我们理解"儿童的科学"及其发展、演变过程具有重要意义。本书的第四章教师们撰写的一篇篇鲜活、真实的活动案例，运用科学家、教育家的理论，以及《3～6岁儿童学习与发展指南》《幼儿园教育指导纲要(试行)》对幼儿特点进行分析，结合幼儿实际发展水平，给予适时的指导帮助，鹰架幼儿的学习，鼓励幼儿探索与实践。从幼儿学习主体的角度看幼儿科学探究的过程，不是教师简单的"教"的过程，也不是一个简单的"教师教、幼儿学"的过程，而是教师提供多种材料供幼儿自主选择、自主探究的过程。在科学探究的过程中，幼儿获得了丰富的科学经验，他们不是被动地接受知识，而是主动地建构知识。教师努力成为幼儿的支持者、引导者和合作者。让幼儿在体验中感受，在感受中探究，在探究中成长，其乐无穷。

幼儿的科学探究需要安全的、具有支持性的心理氛围，我们要鼓励幼儿提问，支持幼儿探究。提出问题本身就是科学探究的一种重要能力，正如爱因斯坦所说："一个问题的产生通常要比它的结论的得出更为重要。因为结论只不过需要些数学或实验方面的技巧。而提出新的问题、新的可能性或从新的角度来分析一个老的问题，则需要有创造性的想象力。只有这样才会使科学真正地前进。"与幼儿一起经常解决区域活动中的各种问题，让幼儿轻松、自如地在区域中探索与实践，满足探究欲望，促进其更好地发展。本书的第五章整理了科学区组织过程中的常见问题，为一线教师提供可参考的区域组织活动中常见问题的指导借鉴范本。

　　本书作为科学区的指导用书，具有时效性和可操作性，尽量给予教师们最直接、最有效、最专业的指导；对科学区域的内涵与功能、活动类型、环境创设、材料投放、组织原则和策略，以及活动案例和分析、组织活动中的常见问题和对应的策略，都做了详尽的说明；从园长、骨干教师、一线教师自身的工作实际出发，撰写、整理了各年龄段儿童区域游戏活动的案例及常见的问题，由经验丰富的骨干教师进行筛选，撰写成清晰有效的指导方案供同行教师参考。由于实践和梳理的水平有限，希望得到专家、同行的批评指正。

　　希望我们的研究成果，能为提升一线教师专业能力起到促进作用，让更多的儿童感受到区域游戏带给他们的快乐与美好的瞬间。

　　愿区角游戏伴随儿童每天的成长，愿所有的儿童都在区角的游戏中富有个性地发展。

李国霞　张慧芬

2017 年 5 月

目 录

第一章　认识科学区

第一节　科学区的内涵与功能

一、科学区的内涵

科学区是幼儿园重要的活动区域之一，一般可以分为两种类型：自然角（又称"观察区"）和科技角（又称科学实验角）。自然角是大自然的一个缩影，帮助幼儿建立对自然科学的兴趣。因此，自然角在内容上以植物和动物为主，在活动上以观察和体验为主，其主要目标是培养幼儿的观察力及对自然界的热爱和对生命的尊重。科技角是幼儿操作、实验、探索的场所，可以培养幼儿的探究精神和科学素养，让幼儿像科学家一样去思考，体验科学探究的过程。科学区作为科学课程的延伸，是幼儿自主探究的另一个领域，有助于培养幼儿对科学探究的情感和态度及与人合作、与自然合作的能力。

科学领域的学习是幼儿园教育的重要方面，科学区作为落实这一领域学习目标的重要途径，有其不可替代的价值。

科学区可以为幼儿提供一个开放、自主的探究环境，鼓励幼儿自由选择、大胆操作和探索，让幼儿在和环境、材料的相互作用中体验科学探究的过程，获得科学经验，养成科学的态度，从而实现幼儿个性和谐、全面地发展。在科学区，幼儿可以自由探索、自由发现，自主选择活动内容、活动材料、活动方式，按自己的兴趣，根据自己的学习特点与进程进行科学探究和科学游戏。例如，在种植饲养区，认识动植物生命的变化，在种植和饲养的过程中，观察动植物的生长过程，理解生命循环的特点和价值；在科学实验角，通过实验、操作感知沉浮、磁力、光合影子等常见物理现象等。总之，在实践与操作的过程中，幼儿可以感知、体会和了解人们的生活与自然环境的密切关系，懂得尊重和珍惜生命，保护自然环境，养成从小爱自然、爱探究、爱科学的良好品质。

所谓科学区，就是教师通过投放各种低结构化的材料，使幼儿通过与材料的相互作用，获得物体属性和事物关系的知识的地方，是幼儿探索发现客观世界物理经验的活动场所。科学区不仅能满足幼儿的好奇心，还能发展幼儿的表现力，从而保持求知欲；不仅解决了幼儿对某一科学现象的暂时困惑，还为入学以后对这些现象的抽象学习奠定了感性经验的基础。

二、科学区的功能

（一）科学区在幼儿园课程建设方面的意义

1. 科学区是了解幼儿兴趣、生成课程内容的有效方式

在科学区活动中，幼儿会对很多自然现象等产生浓厚的兴趣，教师可以根据这些兴趣点，结合幼儿的年龄特点和发展目标，将幼儿的兴趣点发展成为课程，引导他们深入探究，在探究中寻找问题的答案，获得更多解决问题的办法，体验成功的快乐，从而为他们形成科学素养奠定坚实的基础。

例如，幼儿在户外活动时看见树上爬的小蚂蚁，就聚拢在一起，趴在地上仔细观察，他们会提出各式各样的问题：小蚂蚁的嘴在哪里？它们吃什么？它们的家是什么样子的？教师就可以结合幼儿的兴趣，在自然角创设小蚂蚁的家，让幼儿充分观察小蚂蚁的家，发现户外观察不到的蚂蚁的秘密。在观察过程中，幼儿的兴趣会更加浓厚，针对小蚂蚁的问题也会更加丰富。这时，教师就可以同幼儿一起，将"小蚂蚁"生成主题课程，深入研究、探讨，还可拓展研究对象的范围，使幼儿对小动物的形态、生活习性及其与自然的关系等有更丰富的了解，既满足幼儿的好奇心，也提升其科学素养。

2. 科学区是落实课程的主要形式之一

幼儿的一日生活皆课程，幼儿在一日生活的各个环节都能获得科学知识，发展探究的能力，科学区就是落实课程的主要形式之一。因为在科学区，教师根据幼儿的发展目标及现有水平，为幼儿创设了材料丰富、便于操作、更具科学性的活动内容，幼儿可以根据自身兴趣选择具体的观察、探究内容，大胆设想，自主尝试、探究，最终获得探究成果。在这一过程中，教师可以结合幼儿的需要进行个别指导，更便于幼儿获得愉悦的体验，进一步激发幼儿求知的欲望、探究的兴趣，增加探究行为，提升探究能力。

例如，在"小蚂蚁"主题活动开展过程中，小蚂蚁的家是一个重要的探究内容，幼儿对此非常感兴趣，但如何让幼儿更具体、形象地了解小蚂蚁的生活，设置在科学区的小蚂蚁的家就提供了很好的平台。在这里，幼儿可以深入细致地观察蚂蚁的生活、蚂蚁洞的分布及功用，获得相关知识。同时，在科学区中，教师可以随时解答个别幼儿的提问，支持他们个性化的探究活动，使科学主题活动更好地满足幼儿的需求，促进他们的发展。

3. 科学区是引领课程进一步深入的重要阵地

随着主题活动的进一步深入，幼儿感兴趣的内容更加广泛，想要探究的问题更加丰富，仅靠集体活动已经很难满足他们的需求，这时科学区自主、自由的特点就可以发挥很大的优势，成为引领课程进一步深入的重要阵地。在这里，幼儿可以根据自己的假设，进行更加深入的探究活动，获得探究结果，极大程度地满足他们的好奇心和求知欲。

例如，在认识沉浮的过程中，幼儿探索了一些物体在水中的沉浮情况，但集体教学活动后，他们对更多物体在水中的沉浮情况也产生了兴趣，由此他们利用区域活动时间在科学区开展了其他物体的沉浮实验，获得了更丰富的物体沉浮的感性经验，开阔了视野。

4. 科学区是了解幼儿发展水平、及时调整课程内容、完善教学过程的重要平台

在科学区活动中，幼儿更加自主、放松，也便于教师观察并发现个别幼儿的兴趣、需要、关注点及能力水平，因此，教师可以充分利用科学区的良好契机，对幼儿进行有针对性的观察、了解，分析主题活动的教育效果、幼儿的实际发展水平，及时调整集体教学活动的内容，使集体教育活动更贴近幼儿的生活，更好地促进幼儿的发展。

例如，教师想引导幼儿进行一次"改变沉浮"的活动，主要设想是引导幼儿通过操作，使通常情况下沉的物体浮上来、浮的物体沉下去。为了顺利开展教学活动，教师在科学区先让个别幼儿尝试，发现了很多问题：首先，原来设计的操作内容较多，幼儿在较短时间内难以完成；其次，为了让本来沉下去的物体浮上来，需要增加水中含盐量的比重，对幼儿的操作要求较高，包括如何让盐在水中充分溶解，如何准确放入、记录盐的量等问题，都会对操作结果产生一定的影响，造成实验结果出现误差。发现这些问题后，教师缩减了教学内容，并在教学过程中注意了探究过程中的科学性、严谨性，细化了操作环节，最终使活动取得了很好的教学效果。

(二)科学区在幼儿发展方面的意义

1. 促进幼儿感知觉的发展

对幼儿进行感知觉的训练，是科学区学习活动的重要任务之一。科学区活动强调通过个人的直接感知、亲身体验和实际操作进行科学学习，它给了幼儿一个展现自己的学习能力和探究过程的机会，不为追求知识和掌握技能，只求做到"在自己原有水平上获得发展"，在一个相对悠闲而不追求结果的探究过程中得到满足，尽享学习的乐趣。

我们所说的"感知"，是幼儿进入科学活动区的起始环节，是幼儿在特定的环境中自发地认识事物及其有关属性的过程，是让幼儿通过最基本的视觉、听觉、触觉、嗅觉等来认识外部世界，积累生活经验的过程，这既符合幼儿身心发展的特点，又可以激发幼儿的兴趣和求知欲，促进幼儿各方面素质的提高。例如，在认识各种水果、干果时，在科学区准备一些新鲜的水果及常见的干果，让幼儿自由地看、闻、摸、尝等，自由摆弄和操作，最终得出自己的验证结果。在各种操作活动中，幼儿在多种感官的综合作用下，可以对事物留下直观、深刻的印象。

2. 培养幼儿的探究精神

探究是幼儿认识世界的一种主要学习方式。科学区在满足幼儿探索材料、探究时间、探究方式及探究合作伙伴的选择上具有明显的优势。科学区对幼儿来说如同科学家的实验室，幼儿在其中可以像科学家一样体验科学实验的全过程。例如，让幼儿探究和发现不同纸的吸水性，就需为幼儿选择几种特点和差别明显的纸(牛皮纸、包装纸、复印纸和宣纸)；让幼儿探究发现颜色混合可以变成其他颜色，而且这种变化是有规律的，就需要提供红、黄、蓝三原色和有刻度的容器，让幼儿逐个尝试，在不断探究发现中得出结论，体验探究过程的有趣。

3. 促进幼儿综合能力的发展

科学区是幼儿操作、实验、探索的场所，可以促进幼儿注意力、观察力等各方面能力的发展。例如，在"有趣的沉浮"实验中，每名幼儿的注意力都非常集中，就连好动的瑶瑶都对沉浮实验爱不释手。她想让一块橡皮泥浮起来，尝试把橡皮泥团成球、压成薄薄的饼状、搓成细长条、扯成一粒一粒放入水中，但是都沉了下去。最后，她把橡皮泥做成中空的船，终于浮在了水面上。接着，她又继续用塑料积木进行沉浮实验，用手按、用东西压都没有沉下去，最后她把一块较重磁铁放在塑料积木上面，塑料积木终于沉了下去，她高兴得手舞足蹈。这次实验她持续了 50 多分钟，就连收活动区的音乐响了她都没有听见，过渡环节时也一直在进行着实验。又如，在参与种植的过程中，幼儿需要持续观察黄瓜从种子、发芽、开花直到结出果实的过程，可以发展期观察力、坚持性；在种豆角过程中，幼儿可以猜想自己种的豆角会长成什么样子，猜想谁的会先发芽、谁的会先长出叶子、谁的会先长出豆角……有助于幼儿猜想与验证能力、观察能力等的发展。教师可以为幼儿提供记录本，让幼儿记录观察结果。儿童有一百种语言，在记录的时候，幼儿可以用汉字、画图、照片和录像等多种形式表现观察结果。科学区培养了幼儿做事情的计划性、坚持不懈的精神和良好的做事习惯，让每个幼儿都成为一个与众不同的学习者、一个富有个性的学习者，促进了幼儿综合能力的发展。

4. 促进幼儿社会性的发展

组织集体、小组、个别等多种形式的交流与讨论是教师的重要责任。在种植和饲养的过程中，常常会因为无人照顾或过分照顾，出现动植物死亡的现象。为了更好地增强幼儿责任感和同情心，我们经常坐在一起讨论有关动植物的养殖问题。例如，周六、日动植物无人照顾怎么办？此环节教师鼓励幼儿大胆发表个人意见，无论观点对错，都要认真倾听他人的见解，养成尊重事实、尊重他人的良好品质。幼儿间的交流与讨论，对形成科学的知识与经验有着重要的作用。它既是幼儿对研究过程和结果的表达，也是与同伴分享、倾听同伴意见的表现，更是进行讨论、争辩，达成初步共识的过程。最终，我们将幼儿讨论的结果（幼儿间相互帮助浇水、照顾；幼儿周六、日轮流将饲养的动物带回家进行养护，植物请传达室的老师进行看护）进行了实践，形成了很好的相互促进、共同完成任务的合作意识，并制定相应的责任制名单进行相互监督，有效地促进了幼儿社会性的发展。

第二节　科学区的活动类型

我们知道，获得新知的过程既可以由教师直接传递，也可以通过环境的创设让幼儿自己去发现，活动区就是后者。一般来说，新异刺激引发的是探索活动，因此探索是以未知为导向的，目的是使幼儿通过活动对未知世界有所发现，从而获得新知，以充实自己的认知结构。对幼儿来说，探索性活动区是充满好奇并极具挑战性的，惊奇、尝试、发现是这类活动的一般过程，如果通过创设环境激发幼儿的认知冲突，让幼儿在不断地尝试体验中建构自己的经验，是教师对这类区域的主要作为，科学区的活动类型包括以下几类。

一、种植饲养

种植饲养针对的是植物和动物，这是增长幼儿自然常识、认识生命变化的活动区域，有室内自然角和室外种植饲养园地。主要是提供常见易养的动植物，让幼儿在种植、采摘、喂养、照料等直接体验的过程中，学习观察动植物的生长过程，理解生命循环的特点和价值。在这里，幼儿作用的客观对象具有动态性和变化性，互动性更强，探索与发现所带来的兴趣更浓。不仅培养了幼儿对生活的兴趣、亲近自然的情感、真爱生命的意识，对幼儿做事的坚持性和责任感也是一种初步养成。

自然角和种植园是幼儿观察和研究动植物的主要场所。可以在幼儿园院子里或围墙外边适宜的地方给幼儿开辟一个种植园，满足幼儿想要模仿成人进行种植活动的愿望。同时也能让幼儿在亲历种植活动的过程中，观察植物的多样性和植物的生长变化过程。幼儿还可以学习使用工具（如浇水的喷壶、松土的小铲、测量的尺子等），照料植物。对于离田间地头比较近的幼儿园，可以直接将田地里的植物作为幼儿观察的对象，观看成人如何播种、照料、收获，了解植物生长的变化过程。

各地应根据地方性特点选择常见的具有代表性的动植物，作为幼儿探究和认知的对象。

二、科学实验

（一）常见的物理现象

在科学实验区，给幼儿提供一些能够支持他们自主探究和自由发现的材料，支持幼儿探索物体和材料的物理特性、相互关系和有趣的科学现象。常见的物理现象包括：物体和形态或位置及其变化条件，如斜面与物体的运动；沉浮、磁力、光和影子等常见的物理现象及其产生的条件和影响的因素。

给幼儿提供适宜的工具，支持幼儿使用工具进行观察、测量和分类活动。例如：教师如果让幼儿获得沉浮的经验，在投放材料时，既选择部分会沉下去的东西，也要选择部分会浮起来的东西。又如：认识磁铁，既准备能够被磁铁吸上来的东西，又要准备被磁铁吸不上来的东西。让幼儿进行充分的体验和感知，从而获得有益的经验。

在科学区为幼儿建立发现日志或观察记录本，也特别有意义，不仅能够激发幼儿的探究兴趣，还有利于幼儿回顾经历过的探究过程和获得结果，使探究得以延续和不断丰富与深化。教师应鼓励幼儿通过图画、符号、数字、图表等方式记录探究和发现，也可以用照片帮助幼儿记录。

（二）常见的物体和材料 🌱

常见的物体和材料包括自然物和人造物两种。最常见的材料包括沙石、泥土、水、纸、木和各种金属物体。对物体和材料的认识主要包括：认识物体和材料的颜色、硬度、光滑度、纹理、质地等特性；认识物体和材料溶解、传热等性质及不同材料的用途；认识常见物体结构与功能之间的关系等。根据物体和材料的性质、结构特点、功能用途进行分类，有助于幼儿加深对物体和材料共性和不同特点的认识。

其中玩沙、玩水是幼儿园常见的游戏场所。玩水游戏涉及幼儿各个发展领域多种经验的综合，而且涉水自身的多种特点就极具探索的价值；玩沙材料的开放性，又适宜于幼儿的多种表现，所以沙水游戏具有探索及表现的双重特点，对幼儿来说是一种具有多样性探索的综合性游戏材料。正因为其材料简单，可配合任何辅助材料，探索的价值大，获得的经验多，幼儿园应特别重视这个区域的活动组织。在沙水区，幼儿可以自由地探索和发现沙子和水的各种物理特性及它们之间的相互关系，学习使用各种容器、工具测量和比较。

各地应根据地方性特点和特有的资源选择常见的具有代表性的物体和材料，作为幼儿探究和认知的对象。

三、其他类型

户外活动是幼儿比较自由的活动，教师可以带领幼儿观察和探究周围的小生物或有趣的事物与现象。在大自然中学习是一件十分有趣的事情，幼儿有着与生俱来的与大自然的亲近感。这样的活动会让幼儿很高兴、很活跃，对幼儿来说是一种享受。要想让幼儿在尽情享受这份快乐的同时获得有意义的经验，最关键的是教师要做先行的探究者，要在带幼儿进行探索之前进行实地考察，以保证探究的目的性，提高探究的效果。例如，如天气有特殊变化，教师可提前准备几个问题，在户外活动时引导感知、体验天气变化及其与人们的关系，如冷暖、风雨、彩虹、晚霞、云雾等。

第二章　科学区的环境创设和材料投放

第一节　科学区的环境创设

一、科学性和教育性相结合的原则

幼儿认识事物具有直观形象特点，认识事物多信赖于感知觉，而幼儿周围的物质世界中物体的形、色、声、味等为幼儿感知觉提供了丰富的材料，材料要体现所学概念的属性特征，能把幼儿所学的概念转化为直接操作材料的活动，使幼儿获得较为丰富的概念、属性感性经验。其次，材料有时属于集体教学的继续、补充，教师应根据本班幼儿的基本发展目标、阶段性的教育目标及时调整材料。

如中班科学活动"镜子的秘密"，教师在区域中投放了许多镜子和玩具，让幼儿用两面镜子摆成不同的角度照一下玩具，看看有什么发现。通过操作活动，不仅巩固了科学活动内容，还加强了幼儿在操作中的观察及发现感知镜子反光和折射的科学现象的能力。

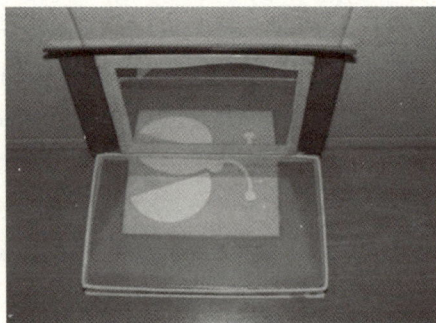

图 2-1-1　双镜成像

二、丰富性和层次性相结合原则

在活动中，教师要保证幼儿在丰富的材料中去探究、发现。在适合幼儿的发展水平基础上考虑幼儿的"最近发展区"，使不同层次的幼儿能够选择到适合自己的材料及方法进行操作、探索，有效地促进每个幼儿在原有水平上得到发展。例如：在环境创设中可以提示探究过程的图片，随时将幼儿探究的结果也记录在环境中展示，记录下幼儿的学习过程，可以起到生生之间相互学习的作用。

图 2-1-2 科学玩具柜

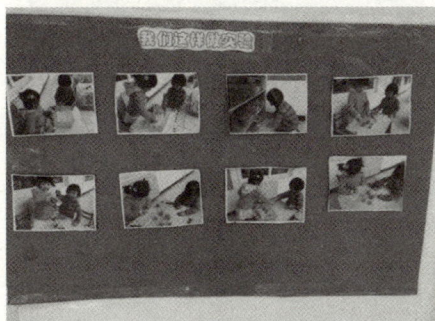

图 2-1-3 小实验(示意图)

三、趣味性和启发性相结合的原则

幼儿天生好奇，在材料提供上尊重和支持幼儿自发地对材料产生兴趣，能使幼儿探索处于积极主动的状态，在活动中配以设计新颖、有趣的材料，容易引起幼儿的注意，材料应不断引发幼儿思考"为什么""怎么样"，不断促进幼儿从多个角度、用不同方法解决问题。

图 2-1-4 小班自然角 1

图 2-1-5 小班自然角 2

图 2-1-6　中班自然角

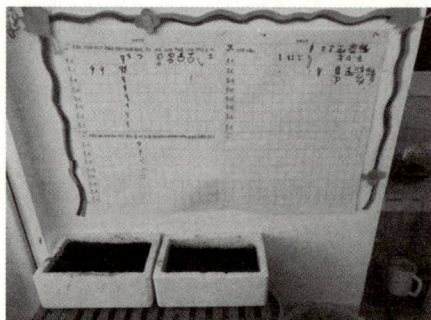

图 2-1-7　大班自然角

四、可操作性和经济性相结合的原则

　　幼儿对材料的操作方式是否理解，会影响他们对材料的最初探索。高结构和低结构材料相结合，以培养幼儿勤俭节约的良好品质。例如，大班"光的游戏"教师利用废旧物制作了"光影游戏盒"，集操作性、趣味性、经济性于一体，幼儿非常喜欢操作探究。

图 2-1-8　光影游戏 1

图 2-1-9　光影游戏 2

图 2-1-10　科学实验(示意图)

图 2-1-11　蛋的实验

五、摆放合理和安全性相结合原则

材料在材质上应体现安全性原则，以保证幼儿的身心健康。教师可在环境中创设详细的操作过程图和游戏规则图，提醒幼儿注意操作安全等。我们除坚持材料投放的原则性外，在突出材料摆放的艺术性中，也要注意师幼互动、师生共同设计作品；注意家园互动，利用家长资源，参与材料收集。

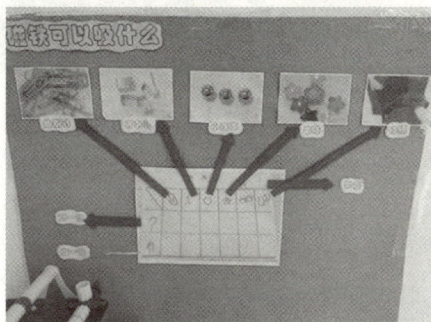

图 2-1-12 科学区游戏规则 1

图 2-1-13 科学区游戏规则 2

第二节 科学区的材料投放

一、种植活动的材料投放

(一) 小班

让小班幼儿同样在看一看、想一想、做一做、摸一摸、练一练中发现问题，解决问题，使自然角成为他们接触自然、探索科学知识的场所。

1. 盆栽花

可以放置一些观赏性强的植物花卉，并发动家长协助幼儿一起参与布置。在每一盆观赏植物上写好标签名称，并让幼儿选一个自己喜欢的图案贴在盆上，知道这是我自己喜欢的植物，知道所带的植物的名称，如各种颜色的仙人掌、文竹、吊兰等，让幼儿在家中也养一盆一模一样的花，比一比哪一盆长得好。

2. 栽培花

收集牵牛花、凤仙花、太阳花等容易栽培、成活率高的植物花籽，以冰激凌盒、罐头盒、旧铁碗、方便面盒等废旧物作花盆进行栽培活动。

图 2-2-1　种植箱

图 2-2-2　废旧油桶种植

3. 瓶泡

萝卜、白菜头、葱头、蒜、土豆等卡在玻璃瓶口，放水浸泡，还可以做一些艺术造型，引导幼儿观察整体植株形态，比较叶、花、根系的异同。

图 2-2-3　水泡萝卜

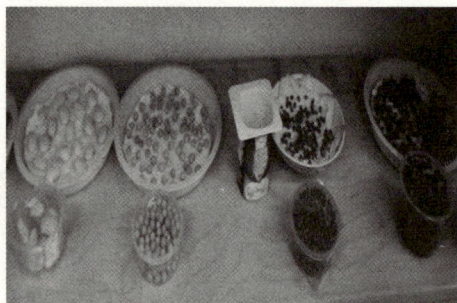

图 2-2-4　水泡豆子

4. 动植物标本

昆虫标本(蝴蝶等)、花的标本、叶子标本等。

图 2-2-5　扁豆、玉米标本

5. 各种各样的种子

稻谷、小麦、玉米、蚕豆、红豆、绿豆、花生、毛豆等，同样贴上生动有趣的种子图案和名称，让幼儿在每天与种子的接触中自然而然地知道种子的名称和特点。

图 2-2-6 大米、小米、黑米等

6. 系列水果

在放置水果之前，我们首先开了个水果宴，让幼儿说一说自己喜欢吃的水果，尝一尝自己喜欢吃的水果，摸一摸这些水果。幼儿有了进一步的了解之后，在这一层上放置了各种各样的水果，如苹果、梨、香蕉、柿子、葡萄、李子等，还在水果的旁边放上一些干果，如红枣、栗子等，让幼儿随时间的推移去观察水果和干果的变化。

图 2-2-7 水果娃娃

7. 图书图片

有关森林、海洋、天空、动植物和四季等自然知识、自然现象的图书、图片、资料。

图 2-2-8　动物图书 1　　　　　　　图 2-2-9　动物图书 2

8. 鼓励幼儿将自己的"宝贝"带到幼儿园

可以是捡到的造型别致的石头，收集的海螺、贝壳、雨花石、纽扣及各种新奇物，摆放在幼儿园的自然科学区，它们都是很好的科学材料，教师要充分利用这些难得的机会，引导幼儿观察、玩耍，分享快乐，接触科学。

（二）中班

1. 盆栽花

选择常见的、易于生长的、好照管的植物，如观赏类的仙人掌、文竹、玉树、秋海棠、金枝玉叶等。

图 2-2-10　各种盆栽花

2. 观察根茎

可以将萝卜、白菜、大蒜、葱头、土豆、富贵竹、姜等，泡种在透明的大饮料瓶、油桶等废旧瓶或玻璃器皿中，便于幼儿观察根茎的生长过程。

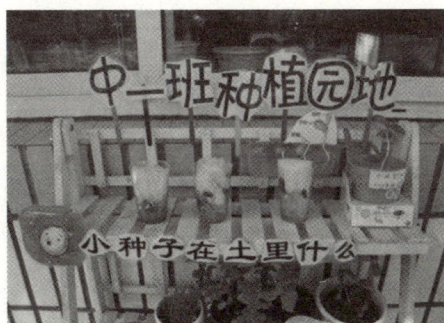

图 2-2-11　土种豆子

图 2-2-12　水泡洋葱

3. 果实

干果(核桃、花生、栗子、瓜子等)、水果(梨、苹果、橙子、柿子等)、蔬菜(南瓜、黄瓜、葫芦等)、种子(玉米、芸豆、绿豆、青豆等)。

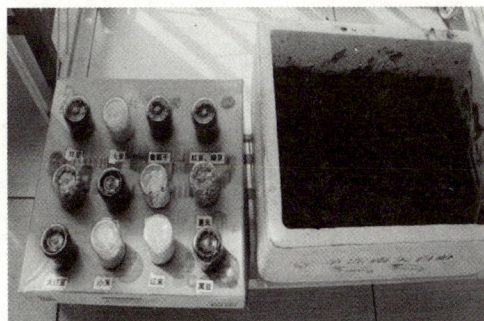

图 2-2-13　各种种子

4. 浇水工具

喷壶、水杯、饮料瓶等,幼儿可自制。

图 2-2-14　水桶、喷壶、小铲

5. 各类动植物标本

小麦、玉米；小瓢虫、蚂蚁、蝴蝶等各种昆虫标本；海螺、海星、贝壳、珊瑚类等。

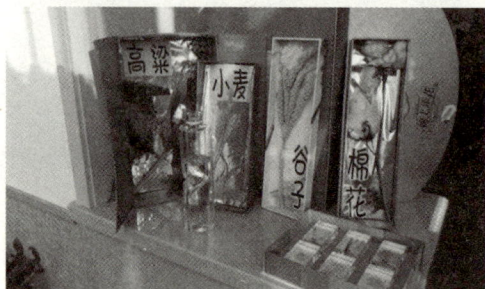

图 2-2-15　植物标本

图 2-2-16　蝴蝶标本

6. 其他

如沙、石头、磁铁、放大镜、温度计、记录本、记录表等。

在进行种子发芽的试验中，通过记录孩子们才会发现豆子是怎样一点点变成豆芽的。还比如有时由于时间原因幼儿不能完成实验，在下次活动时记录内容可以很有效地提醒幼儿上次做到哪里了，今天我应该从哪里接着做完成未完成的实验。记录表除了帮助幼儿学习外还有一个作用就是帮助教师有针对性地进行指导。

图 2-2-17　观察记录表

图 2-2-18　观察记录本

（三）大班

1. 盆栽花

按不同季节栽培各种花卉，如春天的迎春花、夏天的太阳花、秋天的菊花、冬天的水仙。还可以扦插月季，让幼儿感受植物顽强的生命力。还可以选择一些供幼儿观赏的植物，如仙人球、文竹、芦荟等。

图 2-2-19　盆栽花

2. 种植

瓶插、瓶泡、种子发芽实验等，如萝卜、白菜头、洋葱头、蒜、土豆等卡在玻璃瓶口，放水浸泡，还可以做一些艺术造型，如萝卜吊篮等，引导幼儿观察整体植株形态，比较叶、花、根系的异同。幼儿自己收集种子、各种豆子进行种子发芽实验。幼儿通过观察比较，了解种子发芽与水、温度、阳光、空气的关系。

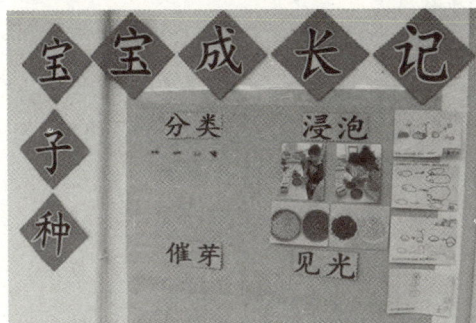

图 2-2-20　观察记录

图 2-2-21　水泡蒜

图 2-2-22　光合作用的草莓

3. 干果

这个区域主要也是以展示为主，通过发动幼儿收集各种干果、种子（花生、杏仁、核桃、瓜子、各种豆子等）和丰收的农作物（棉花、水稻、高粱等），让幼儿了解、认识它们。

4. 标本

人体器官模型、昆虫标本、两栖动物标本、五谷杂粮标本、植物茎叶模型、天文星空模型。

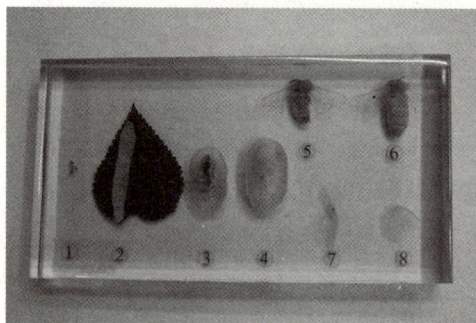

图 2-2-23　蚕的生长过程

（四）幼儿园种植地

"幼儿园种植园地"是指在幼儿园为幼儿提供"种植区"，每班均有一块"班级特色种植区"。师幼、家长共同收集植物种子：玉米、西红柿、冬瓜、南瓜、黄瓜、韭菜、小葱等，通过孩子们亲自播种—观察—照料—收获等活动，使幼儿了解植物的生长规律和大自然的现象。

图 2-2-24　快乐种植园

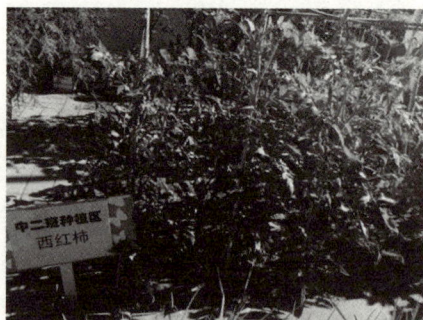

图 2-2-25　中二班种植区

二、饲养活动的材料投放

(一)小班

为幼儿提供观察盒、图卡、放大镜等，引导幼儿初步尝试学习观察。

图 2-2-26　观察盒

图 2-2-27　小兔子

乌龟、各种小鱼、蜗牛是最常见的饲养物，春季宜养蝌蚪、蚕。养蜗牛需大口玻璃瓶，瓶底放沙土，保持潮湿，用纱布包住瓶口，喂菜叶或嫩草。

图 2-2-28　饲养蝌蚪

(二)中班

选择饲养金鱼、乌龟、蝌蚪、蜗牛等小动物，师幼共同讨论如何饲养，尝试做简单的记录。

(三)大班

动物饲养：动物是幼儿成长中的亲密伙伴，在自然角中，我们将组织幼儿饲养一些季节特征较明显的小动物，如蝌蚪、青蛙、春蚕、蜗牛等。我们请家长协助制作了几个观赏鱼缸，准备饲养一些比较容易照顾的动物，如乌龟、金鱼、泥鳅等。组织幼儿轮流喂养，培养幼儿的任务意识，提高自然角的观赏性。

图 2-2-29　饲养蝌蚪

图 2-2-30　饲养乌龟

图 2-2-31　饲养金鱼

（四）幼儿园饲养角

　　有条件的幼儿园可以为幼儿提供"幼儿园饲养角"，经常饲养的动物包括羊、兔、猪、猫、狗，以及鸡、鸭、鹅、鸽子、孔雀等。这类动物均需特定的空间，如小屋或栅栏，这些区域一般要远离幼儿生活和学习区域，也要考虑风向等特点，有时需要根据季节变换位置。

　　有些幼儿园有池塘或小溪流，可以利用这些条件开展一些水生动物的饲养活动。在池塘和小溪流中饲养的动物主要是鱼、龟等。开展这类饲养活动时要注重安全，加强防护设施的建设。

图 2-2-32　池塘饲养金鱼

三、科学实践活动的材料投放

(一)小班

小班幼儿直觉行动思维占优势，一旦离开操作，他们的注意和思维就会发生转移。因此，小班开展科学小实验活动应更多地选择操作性强的材料，从而支持幼儿持续地感知操作与现象变化间的关系，实现教育目标。

小班幼儿的观察水平较低，往往只关注事物的表面特征和非常明显的现象，对多种材料的比较探究和细致观察有困难，不善于从整体上或多角度地去发现事物内在的联系，因此为小班幼儿提供的材料应简单、直观、有趣，能引发幼儿与材料充分互动，饶有兴趣地探索事物间的简单关系。

1. 声音

发声材料(八音盒、发声玩具)，传声材料(电话、自制电话、回声筒)。

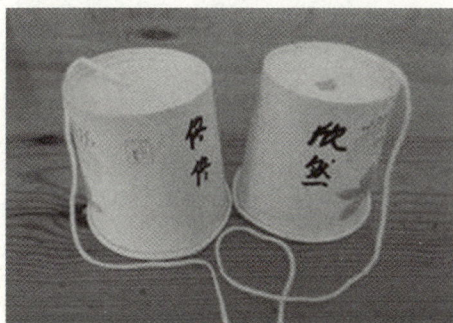

图 2-2-33　自制电话

图 2-2-34　声控玩具

图 2-2-35　声控小鸟

2. 光

反射（凹面、凸面、平面镜），折射玩具（万花筒）。

图 2-2-36　万花筒 1

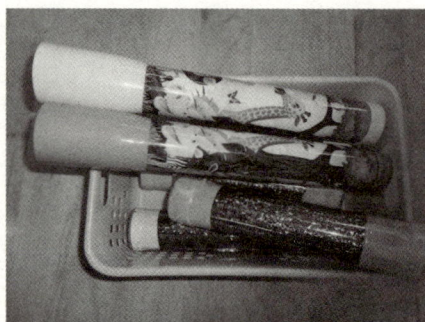

图 2-2-37　万花筒 2

图 2-2-38　凹凸镜

3. 空气

充气玩偶、气球、风铃、涡轮。

图 2-2-39 充气玩偶

4. 水

如在小实验"吹泡泡"中，幼儿可以不断重复舀、倒、搅、看等动作，他们不时地用勺往水中加洗洁精，用搅拌棍搅拌，同时可以直接观察到泡泡的变化。看到物体随着操作而发生明显的变化，幼儿的兴趣越来越浓，他们主动要求增添材料，并兴奋地宣告自己的发现等。教师可多提供水车、泡泡水（自制吹泡泡的各种形状工具）等材料。

图 2-2-40 水车

5. 自然物

鼓励幼儿将自己的"宝贝"带到幼儿园，可以是捡到的造型别致的石头，收集的海螺、贝壳、雨花石、纽扣及各种新奇物，摆放在幼儿园的自然科学区，它们都是很好的科学材料，教师要充分利用这些难得的机会，引导幼儿观察、玩耍，分享快乐，接触科学。

6. 探究物

透明色片、泡泡水、风车、镜子。

图 2-2-41　镜子和影子游戏

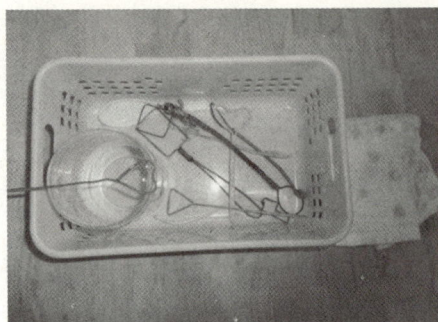

图 2-2-42　吹泡泡

7. 其他

布艺蔬菜、水果，软、硬动物模型，动植物印章。

图 2-2-43　布艺蔬菜、水果

图 2-2-44　动物模型

（二）中班

中班幼儿具体形象思维开始发展。

1. 声音

传声、发声、声控玩具、声音游戏盒。

2. 光

反射玩具（液体万花筒），折射玩具（三维空间、哈哈镜）。

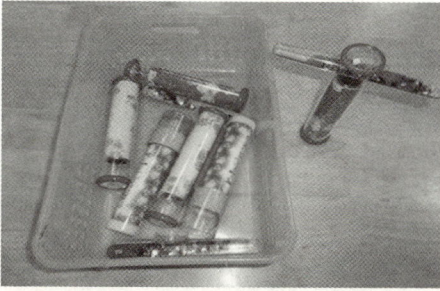

图 2-2-45　反射玩具（液体万花筒）

图 2-2-46　折射玩具

3. 电

自发电玩具（手摇发电机）、电路玩具、电动玩具。

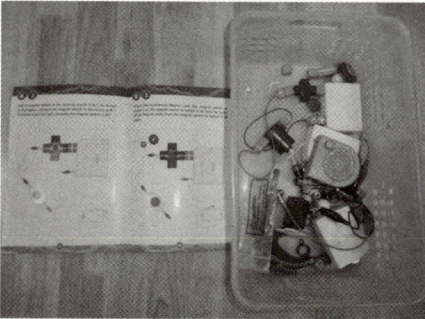

图 2-2-47　电路玩具 1

图 2-2-48　电路玩具 2

4. 力

重力（沙漏计时器、挂斗天平）、压力、浮力、离心力、摩擦力玩具。

图 2-2-49　传动力

5. 水

溶解；小水车、水枪。

图 2-2-50　水溶解

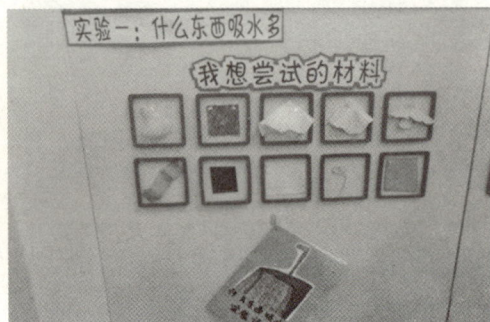

图 2-2-51　吸水游戏

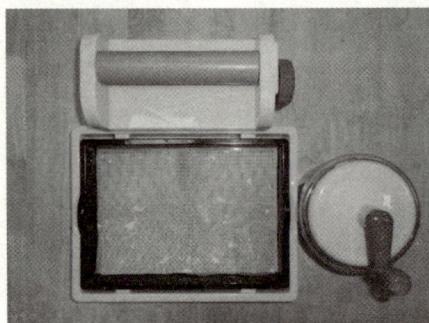

图 2-2-52　纸浆制造

6. 磁

磁性玩具(叠叠乐、磁贴、钓鱼)。

图 2-2-53　磁力积木(磁性玩具)

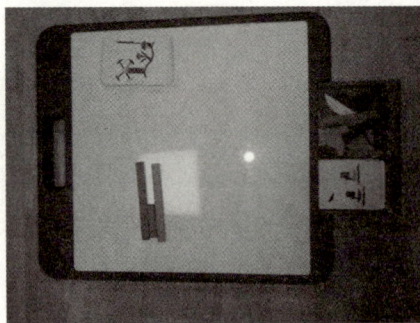

图 2-2-54　磁贴(磁力玩具)

7. 空气

风筝、航模、吹球游戏。

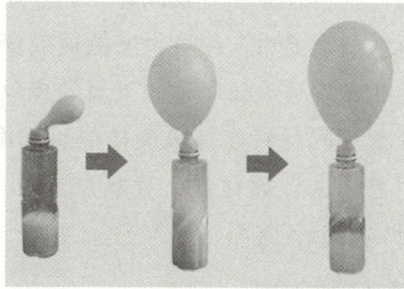

图 2-2-55　吹球游戏

8. 机械

齿轮玩具、组装玩具。

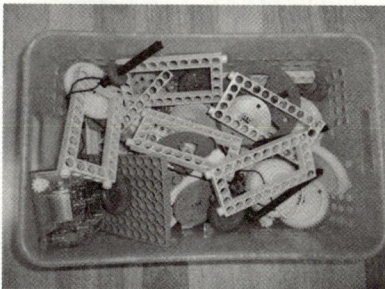

图 2-2-56　组装玩具

图 2-2-57　齿轮玩具

9. 其他

温度计、工具书籍、时钟(必备)。

图 2-2-58　温度计

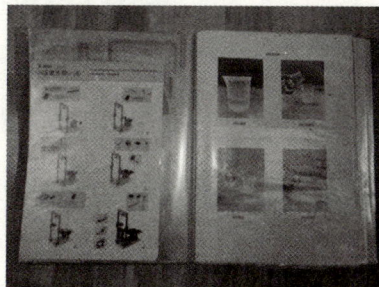

图 2-2-59　自制工具书籍

10. 观察

幼儿通过辅助材料可以更彻底地观察、触摸要研究的东西，凭借一定的辅助材料也可以做一定的实验，观察现象和发现问题。如让幼儿研究摩擦起电的实验时，除了提供玻璃棒、碎纸屑、毛巾，用毛巾摩擦玻璃棒的一端外，还需要提供丝绸、毛线等。除了让幼儿发现玻璃棒吸住碎纸屑的现象，并思考到摩擦的玻璃棒有静电的结论，同时探索不同材料摩擦玻璃棒能否起电，能让幼儿发散思维。还可以投放如直尺、透明色板、计数材料、观察盒、漏斗、鱼缸、花盆、镊子、颜料吸管、筛子、放大镜（必备）等材料。

图 2-2-60　透明色板

图 2-2-61　计数器

11. 探究物

磁块、皮毛、丝绸、小弹簧、摩擦棍、颜料。

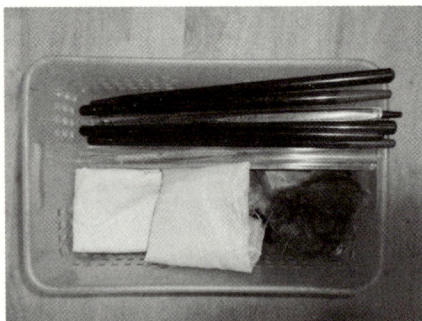

图 2-2-62　摩擦起电玩具

图 2-2-63　磁铁玩具

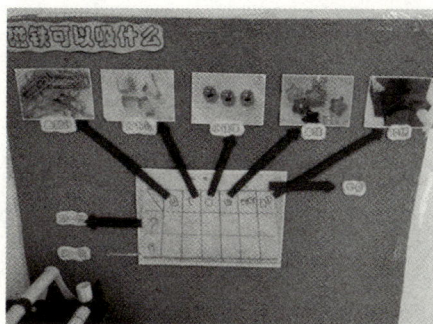

图 2-2-64　磁铁玩具(示意图)

12. 记录

记录会帮助幼儿确立任务意识，促使幼儿更关注科学探究的过程和事物的变化。对幼儿来讲，学习更多的是一种无意学习，记录则会使这种无意学习转化为有意学习，提高幼儿学习的效益。

如在研究磁铁特性的实验中，孩子们先记录不同大小磁铁吸起铁珠的个数，最后通过看记录比较，使幼儿顺理成章地得出越大块的磁铁吸起的铁珠越多的结论。

图 2-2-65　观察记录表

(三)大班

1. 声

传声(共振鼓、对讲机)、发声(雨声、齿木)、声控玩具(喊泉、分贝仪)、声音游戏盒。

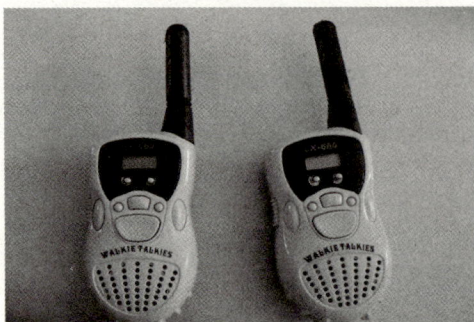

图 2-2-66 对讲机

图 2-2-67 发声(雨声)

2. 光

折射玩具(潜望镜、望远镜、手持电影)、反射玩具(拆装万花筒、光学模块组)、光能(太阳能玩具)、光游戏盒。

图 2-2-68 光影游戏

图 2-2-69 小实验(示意图)

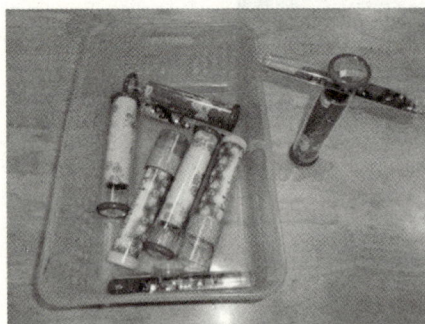

图 2-2-70 反射玩具(拆装万花筒)

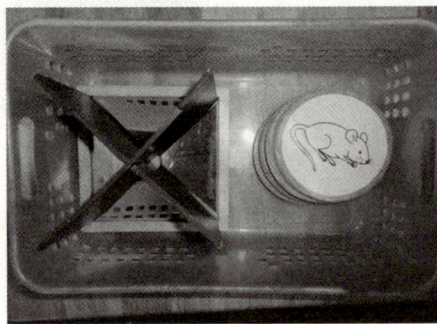

图 2-2-71 折射玩具

3. 电

自发电(水果发电机)、电路玩具(电子积木)、电学组合。

图 2-2-72 自发电(水果发电机)

图 2-2-73 电路玩具(电子积木)

4. 磁

磁力玩具(悬浮环、悬陀螺、魔块玩具)、磁玩具盒。

图 2-2-74 磁力玩具(悬浮环)

图 2-2-75 磁力玩具盒

5. 力

惯性玩具(过山车、上下转盘)、重心(平衡盘组)、压力(液压玩具)、传动力(碰撞球)、力学玩具盒。

图 2-2-76 过山车模型(离心力)

图 2-2-77 趣味导电玩具

6. 机械

齿轮联动、杠杆玩具。

图 2-2-78　齿轮联动玩具

7. 环境

生物可降解观察盒、造纸、风速计、气象游戏盒。

图 2-2-79　风速计

8. 操作材料和设备

地球仪、工具书、显微镜、图卡、寒暑表、日历（必备）。

图 2-2-80　地球仪

图 2-2-81　工具书

计数材料(必备)、培养皿、试管、试管架、量杯、导管、镊子、磁棒、注射器、渔网、气囊虹吸管、电流表。

透镜(必备)、凹凸镜、三棱镜、陀螺轴、U形磁铁、平镜片、金属丝、绝缘体、电珠、透明色片、指南针。

图 2-2-82　凹凸镜科学

图 2-2-83　U 形磁铁

四、其他类型活动的材料投放

天气预报可做成数字、图片插卡式的。内容包括：温度(数字卡片)、天气状况(图片：下雨、刮风、下雪、晴天、多云等)、生活提示(穿衣、喝水、体育锻炼等)。

图 2-2-84　小班天气预报

图 2-2-85　中班天气预报

图 2-2-86　大班天气预报

图 2-2-87　整理衣服提示

第三章　科学区活动的组织原则和指导策略

　　《3～6岁儿童学习与发展指南》（以下简称《指南》）中明确指出，幼儿科学学习是在探究具体事物和解决实际问题中尝试发现事物间的异同和联系的过程。这个过程中幼儿获得丰富的感性经验，充分发展形象思维，逐步发展逻辑思维能力，为其他领域的学习奠定基础。它的核心是激发孩子探究的兴趣、体验探究的过程、发展探究的能力。

第一节　科学区活动的组织原则

　　科学区活动具有灵活的空间，它能为幼儿提供动脑思考、动手操作等大量的活动机会，每位幼儿可以自由选择、结伴开展活动。在贯彻实施《指南》中，我们可以遵循以下原则，有针对性地开展科学区域游戏。

一、科学性原则

　　科学性是指活动既要符合自然科学的基本原理，又要符合幼儿认知的科学规律。幼儿科学活动是通过细致观察、严谨的实验来客观地认识和解释世界。在科学区活动中，幼儿可以自由选择、操作、探索材料，从中获得科学经验。所以，选择的内容和材料应符合科学原理，不违背科学事实，它包括科学探索内容的"科学"和科学知识获得过程的"科学"。

二、探究性原则

　　对幼儿而言，探究性学习是主动经历世界，从身边的事物和教师提供的环境中主动观察、尝试探索、发现问题和解决问题的过程。在这一过程中幼儿获得主动性、创造性和实践能力的发展，愿意并知道如何去获取知识、认识事物和解决问题。在科学区活动中，教师为幼儿营造宽松的心理环境，用语言、目光、微笑、动作支持和鼓励幼儿的探究行为，同时提供丰富的探究环境和时间，使幼儿不仅有与材料、环境相互作用的机会，更让幼儿有相互交往、表达想法的机会，使他们通过观察、操作、探究、实验来寻求答案，促进幼儿在原有水平上不断地提高，构建他们的生活经验和知识经验。

幼儿对科学活动的体验是以感知为基础的，教师要允许幼儿在反复感知、体验的基础上对事物进行语言概括，而不要代替幼儿说出他们能够说出的初步理论。

三、适宜性原则

科学区活动给幼儿提供一个认识和探索事物的空间，在活动中应考虑与幼儿的年龄特点、思维特点、发展水平相适宜。在材料的提供上，必须是幼儿能理解和接受，并通过适宜的探索操作方式，按由浅入深、从易到难的要求，分解成若干个能与幼儿认知发展相吻合、可能的操作层次，使材料适宜，保持幼儿探究的兴趣和积极性，挖掘其中的科学价值，使科学区活动开展得生动而有意义。

四、互动性原则

教师给幼儿提供一个安全、愉快、宽松、积极的游戏环境，并参与到幼儿游戏中，在与幼儿一同游戏时，进行适时、适度地提问，引发幼儿认知冲突，尽可能鼓励幼儿自己寻找答案。提供的材料贴近幼儿的生活，并根据幼儿的兴趣需求不断地更新和变化，数量充足，具有挑战性，使幼儿与材料充分的互动，保证幼儿进行科学操作和实验活动，获得科学经验。

五、安全性原则

在科学区活动指导中，首先要考虑的是幼儿的安全性。在游戏空间的设置上，尽量以桌子、柜子、隔板等物体划分游戏区域，避免过多地频繁搬动，占用游戏时间，影响幼儿专注的操作与实验。游戏过程中使用的材料也必须是安全的，要根据不同年龄班幼儿的操作水平选择适宜的操作和实验的材料，保证幼儿在科学区活动中的安全。

第二节 科学区活动的指导策略

游戏是幼儿最喜欢的活动，它集自由性、趣味性、假想性和创造性于一体。游戏的这些属性与幼儿的好奇、好玩、好动及无忧无虑的年龄特征完全契合。因此寓科学教育于游戏之中，让幼儿在试试、做做、玩玩中认识科学现象，获得科学认识符合幼儿的特点，很受幼儿的欢迎。通过科学游戏，幼儿可以在玩中学科学，在愉快的体验中学科学，幼儿的高级神经系统兴奋过程强于抑制过程，容易疲劳，认识过程带有具体形象性、情绪性等特点，他们喜欢参加游戏，乐于在游戏中接受学习内容。幼儿在科学游戏中积极性高、兴趣浓，参与游戏自主意识强，自主性能得到充分地发挥，探索求知精神也得到了培养。如何达到这种效果呢？我们采用了以下几种指导策略。

一、贴近生活，提供材料，激发探究兴趣

科学区是幼儿自由探索和发现的场所，教师为幼儿创设探究的条件，提供多样探究材料，幼儿可以自主选择活动内容、活动材料、活动方式，按照自己的兴趣，根据自己的学习特点进行科学探究和科学游戏。

科学来源于生活，生活离不开科学，幼儿科学活动的内容更是与幼儿生活息息相关。只有贴近幼儿生活的科学内容，才是幼儿容易理解接受和感兴趣的，幼儿才会对科学问题产生强烈的好奇心和求知欲，才能真正主动地去操作、去探究，才能用心去感受周围世界的神奇，从而体验和领悟到科学的无所不在。所以区域游戏内容的选择并不是随意的，而是教师根据教育的目标，结合幼儿发展的水平，有计划、有目的、有步骤地安排，让幼儿按照自己的兴趣意愿和能力自由选择游戏内容。幼儿园中经常用一些小实验来帮助幼儿理解生活中的科学现象，如沉与浮、摩擦起电、弹性、溶解等。

在材料的提供上，我们不仅要强调其探究性，还要挖掘材料与材料之间的联系，提供具有引导性的材料。因为只有具有探究性并引发幼儿动手、动脑的材料，才能"引发、支持幼儿的游戏和各种探索活动"，才"有利于引发、支持幼儿与活动环境的积极互动"，引发幼儿根据自己的兴趣爱好对客观事物进行动手操作和动脑思考。如在大班我们分别投放了磁铁、指南针，开始游戏的时候，幼儿分别探索磁铁和指南针的各自用途，实验过程中，幼儿将磁铁和指南针放在一起时发现了奇怪的现象，当磁铁靠近指南针，指南针会发生转动，探究到磁铁对指南针有影响。因此，教师需要事先做大量的工作，包括了解幼儿的能力水平，了解投放哪些材料能启发幼儿操作，了解哪些材料能相互组合形成更多的游戏等，进而针对不同年龄、不同能力水平的幼儿准备不同的材料。

二、与主题活动相结合开展科学区活动

幼儿园的主题活动和区域活动都是不可替代的，区域活动和主题活动的作用具有互补性，二者有机优化组合可以充分发挥各自的功能，增强教育的整体效

果。在科学区，一次简单探索活动的结束，往往意味着另一次比较复杂的探索活动的开始。所以，教师不仅要根据不同的主题来更换科学区材料，更要根据不同主题的探索阶段，定期更换科学区材料，创设与主题教育目标相一致的区域环境。

如大班开展"电"的主题活动，教师可以投放电子积木中能拼成几种简易串联电路的材料，让幼儿想办法将电珠变亮，调动幼儿的探究兴趣，然后再投放更多的电子积木块和大量的散装电池、电珠、导线，让幼儿不断地进行组合实验，保持幼儿的探索兴趣。

同样，良好的环境对幼儿也起着刺激、引导、激励的作用，吸引着孩子们探索、思考和参与实践。所以，教师投放与主题相关的材料后还要借助教师不断观察幼儿与环境的互动过程，分析幼儿的经验基础，从而调整目标与优化环境，使环境更具有挑战性。如大班"神秘的黑夜"主题活动中，主要是让幼儿对黑夜充满好奇和想象，所以创设一种很神秘的黑夜氛围，设置不同的小洞洞，激发幼儿探究的兴趣。

三、与其他区域联合开展探究活动

除了科学区、自然角和种植园地这些与幼儿的科学探究活动相呼应的区域外，沙水区、美工区、建构区等其他区域也能够在一定程度上支持幼儿的科学探究活动。如在沙水区，幼儿可以自由地探究和发现沙子与水的各种物理特性及它们之间的相互关系，学习使用各种容器和工具进行测量和比较。在美工区，幼儿可以自由地探究和发现颜色混合所发生的奇妙变化，发现各种不同纸与颜色相互作用所发生的变化。在建构区，幼儿可以在积木搭建的过程中探索、体验和发现力与平衡、斜面与运动的相互关系。

四、记录信息，恰当地指导幼儿收集整理

在科学区为幼儿提供能够支持自主探究和发现的材料与工具、建立发现日志也特别有意义，不仅能够激发和保持幼儿的探究兴趣，还有利于幼儿回顾经历过的探究过程和获得的探究结果，使探究得以延续和不断丰富与深化。

教师要鼓励和培养幼儿记录的意识和能力，尊重幼儿的年龄特点，鼓励幼儿用多种适宜的形式进行记录。可以用图画、符号、表格、文字、照片等多种适宜的方式，记录活动的主要过程和关键步骤。帮助幼儿回顾自己探究过程，讨论自己做了什么、怎么做的、结果与计划目标是否一致、分析一下原因及下一步要怎样做等。如果只让孩子猜想，孩子的认识最终只能是一无所知，或者一知半解。

这时最好给孩子足够的时间，让孩子带着疑问，按自己的想法去选择材料做实验，验证自己的想法和假设是否正确。在放手让孩子大胆地动手操作的同时，我们要鼓励孩子把自己的实验过程与结果记录下来，因为实验记录不仅是孩子学科学的记录，也是他们成长的真实记录。而教师扮演的角色只是随机地进行指导，通过提问、参与、建议等形式引导孩子一步步迈向科学概念的原理。

第四章 科学区活动案例及分析

第一节 小班科学区活动案例及分析

一、种植饲养篇

1. 和老师一起去观察

董 艳

在种植角，孩子们带来了和爸爸妈妈一起种植的小植物，有胡萝卜、大蒜、土豆等。每天，孩子们都会给小植物浇水，和小植物说悄悄话，看到小植物晒不着太阳，还把它们放到有阳光的地方，对小植物说："这儿有太阳，你觉得暖和了吧。"小植物们在慢慢地变化着，有的长高了、有的泡大了、大蒜吐出了小嫩芽……孩子们都愿意到自然角观看，还经常拉着老师去看，让老师不停地说着小植物的变化。可是，过了一段时间，几乎没有孩子去察看了，就是去了，也只是走马观花地看看，不再关注自然角的变化。哪怕老师提醒孩子们去看看自己的小植物，他们也兴趣不高，看看就离开了。

分析与反思

小班幼儿年龄小，对成人的依赖性比较强，老师带领幼儿去观察，幼儿的兴趣很高，老师请幼儿自己去，幼儿兴趣减退。另外，幼儿直观形象思维占主导地位，观察目的性不强，注意力易分散和转移，而且容易受周围环境影响。在观察方面，幼儿缺乏对植物的仔细观察，不能发现其明显的特征。

下一步策略

（1）教师陪伴观察：教师要经常和幼儿一起到自然角去观察，引导幼儿发现植物的变化，在幼儿注意力有限的时间内，与幼儿共同发现植物角的不同变化。

（2）有重点地观察：教师要根据植物的特点，引导幼儿观察植物的明显特征，并用相机记录下来，使幼儿每次都能发现植物明显特征的变化，激发幼儿持续观察的兴趣。

2. 小叶子不能摘

董 艳

植物角中，种植的小种子在孩子们的精心呵护下发芽了，长出了嫩嫩的小叶子，越长越高。有一天，琪琪跑过来对我说："老师，东东把小叶子摘下来了，在娃娃家炒菜呢。"我来到娃娃家，看到东东把小叶子放进锅里，不停地用铲子翻炒着，嘴里还不停地唠叨着："放点盐，放点糖，炒好了，出锅喽。"他把炒好的叶子倒进盘子里。看到我，端给我说："董老师，你尝尝我做的菜香不香？"我接过盘子用鼻子闻闻说："嗯，不错，香喷喷的。"我接着问他："菜叶是哪儿来的呀？"东东说："就是那儿摘的！"他的手指向植物角的地方。我说："那你带我去看看吧。"我们一起来到植物角，刚长出的几片小叶子都被东东摘没了。我说："你看，这些植物没有了叶子还漂亮吗？这里的叶子是用来观赏的，还是用来炒菜的呢？"他不好意思地低下头不说话了。

分析与反思

小班幼儿游戏的明显特征是以物带物。摘种植角的叶子来炒菜，就是这个年龄段幼儿的明显表现。孩子们对身边的植物并不关注，不知道植物也是有生命的，他们只关注自己的游戏兴趣和游戏的材料。在一日生活中，我们既要满足幼儿游戏的需要，又要保护班级自然角的植物，使幼儿从小树立爱护植物的好品质。

下一步策略

家园配合，多带孩子到户外活动，有目的地引导幼儿观察身边的花草树木，感受大自然的美。在欣赏大自然美景的同时，引导幼儿对身边环境的关注，知道身边的花草树木都是我们的朋友，要懂得爱护并保护它。对于幼儿喜欢用树叶等物品当做过家家玩具材料进行游戏，教师与幼儿一起商议办法。材料可由教师提供利于幼儿操作的蔬菜，也可以由幼儿自带蔬菜。既贴近幼儿生活，又丰富了游戏材料，也能提高幼儿的游戏趣味性。

3. 种子发芽了

宋莉岩

小草偷偷地从大地里探出头来，柳树姐姐也抽出枝条。噢！原来这是春姑娘在告诉小朋友们她已经来到了大家的身边。孩子们也兴奋地到处收集花类、豆类等种子，想亲手种下，等它们开花结果，有的是小组几人共同种植，有的是个人种植。过渡环节时，臣臣发现自己种植的豆子长出了小芽，就大叫起来："哎呀！我的种子发芽啦！"话音刚落，就见许多小朋友纷纷围了过去。明明看着臣臣的种子已经发芽了，再看看自己的却什么都没有，就自言自语道："我的种子为什么还没发芽呢？""死了吧？"站在一旁的朵朵立刻说。急得明明边说边左看看右看看，像是在寻找着什么？突然，他的目光定格在了自然角的小铲上面，只见他拿起了小铲子一下子插进了土里。"老师，明明把种子给挖出来了。"朵朵大声地说。"不是，我想看看它发芽没有。"明明解释道。

分析与反思

小班幼儿因缺乏种植经验，在看到同伴种植的种子已经发芽时就更加着急了，孩子们的生活知识与经验都十分有限，部分幼儿还处在直觉行动思维向具体形象思维发展过程中，所以就出现了想探个究竟的行为，幼儿觉得种子埋在土里看不到的时候，就会心急，迫不及待地挖出种子，想看看是否有变化。

下一步策略

(1)教师用交谈的方式了解幼儿行为背后的原因，不批评责怪。引导幼儿知道自己的行为给种子带来的伤害。

(2)组织幼儿共同讨论如何能观察到种子发芽的过程，如土种改为水泡。引导幼儿做土种和水泡两种种植方法，比较观察哪种长得快。记录下来，便于幼儿进一步了解种子的成长过程。

4. 一起观察小白菜

王蓓

植物角中，我们的小白菜已经种植三周了，在孩子们的精心呵护下渐渐发芽、越长越高。孩子们每天都在过渡环节时自主地来照顾小白菜，给小白菜浇水、关注它的变化。今天我把小白菜搬进了科学区，引导小朋友共同观察并进行记录。婷婷拿起了小贴纸，在小白菜身后的小木棍上相应位置开始贴了起来，嘴里说着："小白菜又长高了！"大部分孩子围在婷婷身边看着小白菜纷纷讨论，少部分孩子并不感兴趣，彤彤就没有在关注婷婷的话，她一直都在抠植物周围的营养土，说："这个土里面白色的东西是什么呀？"

分析与反思

科学活动目的是希望引导幼儿能经常问各种问题，或好奇地摆弄物品，小班幼儿好奇心强，喜欢新鲜事物，但注意力也不容易集中，有可能并没有集中注意力去关注老师或同伴想请他关注的问题。

下一步策略

(1)真诚地接纳幼儿的新发现，肯定并鼓励幼儿的探索精神。

(2)为幼儿提供一些有趣的探究工具，用好奇心和探究积极性感染和带动幼儿专注地进行观察。

5. 小植物长高了
王 蓓

班里的自然角真丰富，有种植的小白菜、西红柿，水泡的大蒜、豆芽、胡萝卜苗等。孩子们都会在过渡环节中来看看这些植物宝宝，有的孩子说："看！黄豆发芽了！"有的孩子说："萝卜苗好像长高了！"也有的小朋友说："土豆放在那这么多天了，什么也没长出来呀！"也有很多小朋友天天在这个环节都选择其他游戏，从来都不来自然角观察植物，小小就是这样的孩子，他选择了益智手头玩具，我走过去问他："你想不想去看看咱们班的小植物呀？"他摇了摇头说："我不喜欢看小植物，我就想玩这个。"

分析与反思

由于教师并没有为幼儿提供有趣的探究工具，用自己的好奇心和探究积极性感染和带动幼儿，从而使幼儿失去观察的兴趣。小班幼儿常常以自我为中心，关注自己多，关注同伴少，探索欲望不强，在没有老师带领观察的情况下，很少能够做到自主进行观察。

下一步策略

(1)小班幼儿以独自游戏为主，可以请每个幼儿选择自己想观察的植物带到幼儿园，幼儿每天关注自己的植物，在听到同伴描述自己植物变化的同时，也会逐渐关注其他植物，激发幼儿观察植物的兴趣。

(2)通过拍照和画图等方式保留和积累有趣的探索与发现。如种子是什么样的、植物的生长变化等，使幼儿感受植物生长的神奇，从而激发幼儿观察的兴趣。

(3)可以和幼儿共同商量、制作形象的小动物标记插在花盆里，如长颈鹿、梅花鹿、奶牛等标记，在每天观察植物后，在相应的高度贴上或画上动物的花纹，激发幼儿的记录兴趣。

(4)幼儿都喜欢被鼓励、奖励，小班幼儿会对物体产生拟人化的想象，可以和幼儿共同制作一些奖励的小物品，如大拇指插牌，发现哪个小植物长芽了，给它插上大拇指等，从而激发幼儿每天观察的兴趣。

6. 我们一起来种植

邓　潞

春天来了，孩子们和家长一起种植了小植物，他们把这些植物带到了班中的自然角。陆陆续续地，自然角的植物越来越多了，有种植在土里的圣女果、蚕豆、吊兰等，还有种植在水里的大蒜、萝卜、白菜等。这么多的植物，导致还有一些植物都已经没有地方放了，只能放到门口的观赏架子上让孩子们观察。一开始有很多孩子来观察这些植物，他们有的争先恐后地给小花浇水，有的观察自己带来的植物有没有开花。可是过了一阵子，我发现来自然角观看植物的孩子们越来越少了，今天没有一个小朋友来自然角观察植物。

分析与反思

我利用谈话的形式，在活动区结束后询问小朋友："为什么你们都不来自然角观看植物了?"他们告诉我因为自然角的小花小草，他们都已经看过了。小班幼儿的注意力很容易被分散，并且大多数植物为观赏类植物，因此来自然角的幼儿越来越少了。

下一步策略

我们可以给带来的植物贴上名字、照片，还可以进行分类，以便让幼儿分辨植物。让幼儿每天给种子施肥、浇水，从而培养幼儿对植物的爱心、责任心。引导幼儿学习观察的基本方法，培养幼儿的观察能力，可以适当增加一些有情境的观察记录，激发幼儿的观察兴趣。通过提问的方式，引发幼儿对植物的好奇心，引发幼儿思考，并进行连续观察。

7. 小金鱼

邓　潞

　　最近自然角来了一些新朋友——小金鱼。孩子们对它们都很感兴趣。一天，活动区活动时，娃娃家有一个孩子向我喊道："老师，有小朋友在切小金鱼!"我连忙赶到娃娃家，走到切小金鱼孩子的面前，看到他正在用小木刀切小金鱼。我问他："你为什么要切小金鱼啊?"他说："老师，我正在做饭呢。今天给娃娃家的小朋友做一条鱼吃。"我说："可小金鱼是咱们的好朋友，而且小金鱼是咱们用来一起观赏的，你把它从它的家里拿出来，它会死掉的，会很伤心的。咱们现在先把它送回家好不好?"我和孩子一起把小金鱼送回了家。

分析与反思

　　小班幼儿模仿力较强，他们常常不自觉地模仿父母和老师及亲近的成人说话的声调、姿势、常用词语等。如果大人看见饭菜里有胡萝卜时皱起眉头，幼儿也不想吃胡萝卜。切小金鱼的幼儿因为家中妈妈总会做鱼给他吃，他看到后也来模仿。

下一步策略

　　我们可以在美工区带领幼儿用橡皮泥制作小鱼或其他小动物，投放到娃娃家。可以开展"鱼"的主题活动，引导幼儿了解小鱼的生活习性及保护小金鱼的办法。在自然角每天请一名幼儿给小金鱼换水，激发幼儿对小金鱼的爱心，从而培养他们的责任感。

8. 我们比一比

邓　潞

　　本班自然角请来了两位新朋友。一位是孩子们和老师们一起种植在土里的大蒜，还有一位朋友是一起种植在水里的大蒜。我给孩子们提了一个问题，希望孩子们每天都能去看看种植的大蒜并且给大蒜浇水，看看两种大蒜有没有什么变化。过了一阵子，两种大蒜都长得高高的，我把孩子们都叫到了一起。让他们观察现在的大蒜和刚种植的大蒜有什么区别。他们告诉我现在的大蒜比以前的大蒜高了好多。接着，我又向他们提出了问题："水里的大蒜和土里的大蒜有什么不一样吗?"他们又争先恐后地回答，都说水里的大蒜长得高!

分析与反思

在观察过程中教师应用自己的情感和语言感染幼儿，使他们产生兴趣，并根据幼儿年龄特点，选择变化大、有对比的目标作为观察对象，幼儿感兴趣就会集中注意力。然后再逐步教给他们观察的方法。小班幼儿年龄较小，主要通过对各种植物的直接观察，形成初步的植物的概念。

下一步策略

我们可以将记录方式简单化。可以为每个孩子设计了一个有浇水、晒太阳、说悄悄话等图案的观察记录表张贴在自然角。支持和鼓励幼儿大胆猜测两种大蒜的生长速度，并验证答案。鼓励幼儿每天对大蒜进行简单的记录，还可以和其他小朋友进行交流分享。鼓励幼儿用绘画、照片等形式记录观察的大蒜，通过这种观察记录的方法帮助幼儿丰富观察经验。

9. 给小苗苗浇水

魏　兰

班里的自然角中有好几名小朋友带来了刚刚发芽的种子，我和孩子们一起约定，每天中午吃完水果的小朋友可以去照看小苗苗，可以拿小水壶去给小苗苗浇水。午点时间小苗苗周围慢慢围上来了几名小朋友，大家你一言我一语指指点点地议论着："小苗苗可真小呀！""我们不能摸它，一摸它会死的。"小小说："小苗苗渴不渴？我给它浇点水吧！"依依说："我也拿水壶给它浇点水，妈妈说了，要多喝水。"小小取来小水壶为小苗浇水，依依也拿着水壶去接水了，不一会儿，植物角传来了喊声："老师，他给小苗苗浇了好多水！""老师，你看！""老师，有好多水，水都满了。"我问："是谁给小苗浇的水？"小小说："是我浇完，依依又浇好多。""可是，可是妈妈说了让我多喝水不生病长得高。"我说："所以你也想让小苗苗多喝点水是吗？""嗯，我要给小苗苗喝多多的水，好让它快快长高。"

分析与反思

3～4岁幼儿的年龄特点：常常会把动植物或物体当做人。这是幼儿思维"拟人性"的特点体现，教师要理解和接纳幼儿的这一特点，并利用这一特点进行有效的引导与教育。依依把小苗苗当做自己，妈妈认为依依应该多喝水，依依就给小苗苗喝多多的水，于是导致小苗苗被淹。

下一步策略

借此机会和幼儿一起探索了解小苗苗的生存与生长，以小苗苗的口吻和幼儿一起探究，告诉幼儿小苗苗渴了它周围的土会是干干的，这时候就需要给小苗苗浇水了，如果小苗苗周围的土是湿湿的那就不需要给小苗苗浇水了，喝过多的水小苗苗的根会被水泡烂的。

10. 我不喜欢蚯蚓
陈姊璇

今天乐乐来幼儿园给自然角带来了新的小动物——蚯蚓。孩子们都兴奋地蹲下来观察瓶子里可爱的小动物，突然我听到珂珂大声叫了起来，我走过去问她："你怎么了？"珂珂对我说："陈老师，我没见过蚯蚓，这种小动物太可怕了，软软的，看起来样子也不好看，特别像蛇，我不喜欢它！"还有几个女孩子也一样，胆怯地站在一旁不敢看瓶子里的蚯蚓！鑫鑫这会儿也不高兴地说："是啊，我也讨厌蚯蚓，光溜溜的，还长长软软的，真可怕！"乐乐却说："你们不用害怕，蚯蚓不吃人，妈妈说他是益虫，不是害虫，不用害怕。"但是他的解释并没有改善很多，珂珂她们依旧站得远远的，不敢向前。

分析与反思

幼儿之所以会觉得这些昆虫很可怕，第一，因为这些昆虫给我们留下过不好的印象，如蚯蚓像蛇，幼儿觉得蛇是很可怕的动物，会伤害他们；第二，有些幼儿在以往的生活经验中没见过这些昆虫，第一次见到这些小动物有些害怕；第三，幼儿并不了解这些昆虫，觉得它们是害虫，所以看到它们表现出不喜欢的态度。

下一步策略

（1）认识不同的昆虫：通过在幼儿园的科学活动或者亲子参观昆虫博物馆等方式，带领幼儿走进昆虫的世界，让幼儿认识自然界中各种各样的昆虫。

（2）了解不同昆虫：先挑选在幼儿的日常生活中较为贴近他们生活的昆虫或者幼儿感兴趣的昆虫，如蚯蚓、蜗牛、蚂蚁、毛毛虫、蚕宝宝等。在科学区投放有关昆虫的书籍及照片、鼓励幼儿和爸爸妈妈收集关于这些昆虫的知识带到幼儿园来，通过科学活动或活动区的时间，把这些昆虫的特征、生活习性及这些昆虫对人类做出的贡献介绍给幼儿，如蚯蚓可以疏松土壤提高肥力、蚯蚓还是一味药材等。让幼儿了解哪些是益虫，哪些是害虫。

（3）饲养小昆虫：可以在班级的自然角开设养殖区，如蚂蚁王国、蚯蚓盒子、蚕宝宝箱等。幼儿们通过了解到不同昆虫的生活习性，进行饲养活动。通过饲养的过程，让幼儿有视觉、触觉感受，了解到这些昆虫是不会咬人的，感受到每种小昆虫的可爱之处，帮助幼儿减轻或排除恐惧的心理。

11. 小鱼死了
魏　兰

午点时间，吃完的小朋友开始自由活动，有的小朋友来到自然角，观察植物和动物，只听见一位小朋友说："你好，小鱼！""它怎么不动啊？""是啊，它怎么不动啊！""小鱼是不是死了？""对，小鱼死了！""啊！小鱼它怎么死了？"两个小朋友的喊声引起了所有小朋友的注意，大家都围了上去"小鱼死了？""我看看！""小鱼好可怜！"孩子们对着鱼缸惊呼着，上下左右的看来看去，正在这时，其中一位小朋友晃了晃鱼缸，突然小鱼又动了起来。"啊！它没死，你看！"边说边轻轻地摇晃鱼缸。"是啊，它又动了。""哈哈哈，哈哈哈！""小鱼又活了！""小鱼没死，它刚才是休息呢。"

分析与反思

《指南》中指出：幼儿对事物和现象的认识，是在幼儿感知、体验、探究和发现的过程中获得的，幼儿通过自己的观察认为不动的小鱼死了，从而引起了所有人的注意与围观，在通过幼儿自主探究后，又发现了小鱼生命体征的重要信息——小鱼又动起来了，大家又一次兴奋起来，整个过程中大家注意力非常集中、专注地在观察小鱼的一举一动。

下一步策略

作为教师，支持孩子们的探究过程，静下心来观察孩子行为背后的起因，将会得到不一样的结果与收获！下一步可以和孩子们一起收集有关小鱼的生活习性，了解小鱼为什么可以不动地浮在水中。

12. 揠苗助长
魏　兰

孩子们从家里带来了大蒜放在班里的自然角里。带来的大蒜有种在土里的，有种养在水里的，还有直接放在几层纸巾上的。我将所有的大蒜都放在自然角分类摆好。我说："咱们比比看谁的最先冒芽，谁的长得最快。"午点时间，有的孩子在玩手头玩具，有的孩子在看自然角里的动植物，我发现有一个小朋友始终没有离开他种的大蒜，我走了过去，这时他对我说："老师你看，我刚刚给他喝足了水，他都长高了。"我吃了一惊，蒜宝宝已经从土里"钻"出来了多半个身体！

分析与反思

幼儿非常喜欢自然角的植物，而且是非常博爱的，希望自己的小苗苗长得高、长得壮，但是因为没有种植经验，所以他们采取了自己认为长得快的方式"帮助"大蒜长高。

下一步策略

以拟人化的口吻帮助幼儿走出误区，并告诉他们原因。"刚才老师忽然听到了哭声，原来是蒜宝宝在哭呢。它说土壤里有供它长大长高的水分和养料，可现在它吃不到也喝不着了。为什么呢？因为它的根离开土了，如果时间长了它还会死掉的。呜呜呜……"拿起水中的蒜宝宝，让幼儿观察，并告诉幼儿下面的"胡子"叫做根，不光向日葵有根，一般植物都有根，根是用来吸收土壤里的水分和养料的，植物生长离不开土和水。

13. 我种的苗宝宝

魏　兰

为了让幼儿亲近自然，亲身体验种植的乐趣，我们布置了亲子活动，一周后的早来园时间，大腾举着一个花盆兴奋地向我走来："老师，你看，小苗苗!""哇哦，这苗苗长得真棒!"几位小朋友立刻也围了过来，围着小苗苗好奇地上看看，下看看。"小苗苗真可爱!""都长出来了。""好小的小苗苗。"站在一旁的悦悦左看看右看看，好奇地伸出小手，正准备摸一摸，大腾大喊："干嘛?! 别摸，不能摸!"悦悦说："我也喜欢小苗苗。"大腾又说："那也不能摸，爷爷说了，只能看不能摸!""这是我和爷爷种的黄瓜苗!"大腾抱起小苗不让悦悦靠近……

分析与反思

《指南》中指出，好奇是幼儿的年龄特点，幼儿的"好奇"主要体现为接触大自然和新鲜事物。他们常常会被刚发芽的小草、刚长出的小花所吸引，并会驻足观看。幼儿以前没有过种植经验，对种子从土里长出来充满了好奇心，喜欢小苗苗，但却不知怎么和小苗苗成为"朋友"，更不会用正确的方式照顾它。

下一步策略

借此机会和幼儿一起探索了解小苗苗的生存与生长，用正确的方式、方法和幼儿一起照顾班中的小苗苗，做好家园合作工作，给幼儿提供经常接触大自然的机会，给幼儿提供亲自动手探究的机会，满足幼儿好探索的好奇心。

14. 自然角来了新朋友

魏　兰

自然角里来了位新朋友——小乌龟。孩子们兴奋极了，他们对会爬的小乌龟特别感兴趣，一有空就围着小乌龟看。下午刚吃过点心，又有几个小脑袋凑在小乌龟旁边，我便悄悄地走过去，想听听他们在议论些什么。"小乌龟你好！""你叫什么呀？""它的头伸出来了！"你一言我一语说得还挺热闹呢！这时，我取出龟粮撒在小龟的身边，小乌龟马上把脖子伸长，津津有味地吃了起来，小朋友们立刻兴奋起来，大家七嘴八舌地问开了："魏老师，这是什么呀？"还没等我开口，可儿就忙着介绍起来："这是小龟粮，这是我带的，喂小乌龟吃的！"立刻，可儿成了孩子们的焦点："小乌龟喜欢吃龟粮吗？小乌龟还喜欢吃什么？"可儿很骄傲地说："小乌龟还爱吃生肉丝。""是吗？生的它能咬动吗？""他有牙齿吗？"小乌龟爱吃水果吗？"

分析与反思

《指南》科学领域目标是亲近自然，喜欢探究。小班的幼儿非常喜欢饲养小乌龟，并对小乌龟的外形特征和食物产生浓厚的兴趣。这正是小班幼儿探究兴趣所在，他们非常关心小乌龟爱吃什么、不爱吃什么，因此引发出一系列的问题。

下一步策略

可以借此机会和幼儿一起探索了解小乌龟的生活习性，请幼儿轮流为小乌龟带来自己认为小乌龟爱吃的食物进行实验，并把实验结果记录下来，以表格的形式呈现给大家，表格上面画上各种食物，下面用钩叉的形式表示乌龟是否爱吃这些食物，最后将这张记录表张贴在自然角，告诉大家小乌龟爱吃和不爱吃的食物。通过实践和观察，让幼儿最终通过自己的实践与探索得出结论。

15. 观察小鱼办法多

宋莉岩

今天，筱筱带来了几位新朋友——小金鱼，放在了我班的养殖角，小朋友们都非常喜欢，一有时间就围在鱼缸旁你一言我一语地讨论起来。"我喜欢红鱼""我喜欢黑鱼。""小鱼吃什么呀？""吃鱼食，看这也是我带来的！"筱筱自豪地说着。"给我喂喂它吧！"壮壮边说边伸手去够筱筱手里的鱼食，只见筱筱的胳膊马上往后一闪躲过了壮壮的手。"不行，这鱼是我带来的，妈妈说了只能我喂。"壮壮见没拿到鱼食喂不成小金鱼了，便推靠在他身上的其他小朋友。"哎呀！我都看不见小鱼了。""让我看看！""老师，壮壮用手捞鱼了。"筱筱着急地大叫起来。"我没捞，我就是想摸摸它。"

分析与反思

壮壮是个好奇心非常强的孩子，平日里经常爱提"是什么"和"为什么"的问题。诸如"为什么鱼要生活在水里?""为什么夏天热、冬天冷?"等许多问题。3～4岁的幼儿他们对接触到的新鲜事物兴趣浓厚，还会好奇地摆弄物品。这表明幼儿已经有了活跃的思维，具体形象思维驱使他们就要去亲自摸一摸、看一看、闻一闻、尝一尝。

下一步策略

（1）鼓励保护幼儿的好奇心。幼儿的好奇心表现在自发观察、动手尝试、拆卸探究等各种活动中。比如，有的幼儿趴在地上看蚂蚁怎样搬东西，有的把闹钟拆开，看看是什么东西让钟每天走个不停，等等。所有这些，不要简单地说幼儿越来越淘气了，这正是幼儿好奇的表现。

（2）鼓励幼儿持续观察。例如：小鱼的尾巴是左右摆的吗？小鱼睡觉的时候眼睛闭上吗……鼓励幼儿认真观察，不要轻易放弃和离开被观察物。特别是幼儿自主观察能力低，更需要教师加以指导，表扬孩子观察的每一个新发现，从而使其能够坚持下去，达到观察的目的。随着孩子的成长，要逐步培养孩子自主观察的能力，并要求孩子能通过长期的观察，持之以恒，达到积累更多的知识的目的。

（3）要鼓励幼儿多角度、多方位观察事物。比如观察小鱼的特征、外形、如何喂养、喜欢吃什么等，并把了解到的信息讲给同伴听，了解更多的知识与信息。

16."毛毛虫"真好玩

吴冬冬

春天到了，燕子飞舞，种子发芽，幼儿园的大杨树的枝头冒出一条条飞舞的长穗穗，风一刮过，长穗穗落得满地都是，远远一看，像许多毛毛虫趴在地上。户外活动时，看到这一现象孩子们先是大吃一惊。"咦，这是什么东西?""好像是毛毛虫吧?""不是，毛毛虫会爬，它们不会。"然后小朋友们小心翼翼地蹲在地上仔细打量。"它们真的不会爬呀！"于是一根根捡起放在手上看看，又扔在地上用脚使劲地踩踩，然后几根几根地捡起来，"嗖"地一下往旁边小朋友身上一扔，吓得他赶紧跑走了，后来大家手里都攥着一把一把的"毛毛虫"相互追逐着，玩得不亦乐乎。

分析与反思

幼儿喜欢接触大自然，对周围感兴趣的事物能够仔细观察，并能用多种感官或动作去探索物体。他们通过看、听、摸去了解"毛毛虫"特征，这种探究与幼儿的"玩"是同一过程，这是小班孩子的年龄特点。孩子们在这种玩中产生了好奇心，作为教师要真诚地接纳、支持和鼓励幼儿这种探究行为。

下一步策略

根据幼儿兴趣，可以开展认识植物的活动。引导幼儿猜一猜、想一想"毛毛虫"是从哪里来的？它有什么作用？通过拍照和绘画等方式保留和积累有趣的探索与发现。在探究过程中，如果发现幼儿对植物的其他生长环节也感兴趣，也可以渗透相关知识。这样不但能丰富幼儿的知识量，还培养了他们积极参与探索的良好习惯。

17. 不爱游泳的小鱼
吴冬冬

一个小朋友从家里带来了一缸小鱼放到了班级自然角，它们身体白白的、胖胖的；眼睛红红的、小小的；尾巴花花的、大大的。大家都投来好奇的目光围着这些小鱼观看，有人指着说："好奇怪的小鱼，我都没见过这样的鱼。""你们看，它们怎么都不游泳呀？一直在水里歇着。""小鱼是不是饿了？没有力气游泳了，我们快找些食物喂它们吃。""也许是它游累了吧，休息一会儿再游。""会不会是太懒了，它们那么胖，怎么游泳呀？"小朋友们你一言我一语地讨论起来了。然后又看到有几个小朋友用小手"砰砰砰"地拍打着鱼缸，有的小鱼听见了敲击声，身体稍微挪动了一下，接着又到别的地方休息去了。

分析与反思

新奇的小动物总是能引发孩子们的好奇心。这种小鱼在生活中不常见，对孩子们来说是陌生的事物，他们会习惯性地去认知与探索，观察小鱼外貌特征和生活习性。幼儿敲击鱼缸，是想看一看小鱼为什么静静地待在水里不游泳，或者是想知道怎样才能让金鱼游动起来。幼儿敲击鱼缸的行为并不是在"淘气"，而是在活动中产生了好奇心和探究欲。

下一步策略

作为教师我们应当对孩子们的探究行动予以支持，并抓住这一教育契机引领他们进行进一步的探索，使之升华为有目的性的探究活动，自然地引导幼儿在玩儿中达到学习的目的。在活动区为幼儿提供丰富材料，如鱼食、水草、小石头、水、电棒、加热器等，让幼儿探究怎样改变可以让小鱼爱游泳。

18. 我不想再喝水啦

刘 蕊（小）

开学初，我们班创设了自然角，小朋友把自己的小植物带到幼儿园种植，每天吃过早饭，孩子们都去自然角观赏，并给自己的小植物浇水。今天多多跑过来跟我说："刘老师，刘老师，快去看看，豆豆的小麦苗死了。"我赶紧跑过去，看到豆豆的小麦苗已经倒下了，这时，桐桐走过来悄悄告诉我："昨天我和豆豆一起照顾小植物，他给小麦苗喝了好几杯水，你看，现在小花盆里还有好多好多水呢。"这时豆豆走过来，看到倒下的小麦苗，一下子就哭了起来。我连忙上前对豆豆进行安慰，过了一会儿，豆豆情绪好些了，我又询问他这几天给小麦苗的浇水情况，他告诉我：他给小麦苗喝了好多水，这样小麦苗就能不生病了。

分析与反思

幼儿的操作与摆弄是他们的好奇心、探究精神的主要表现，教师要理解幼儿的这些行为，他们只想通过自己动手，感受植物生长的快乐，教师要支持、鼓励幼儿的探究。但是，小班孩子年龄较小，还不知道植物的生长特点，单纯地觉得给植物喝许多水，植物就能长得很快很高。幼儿能为自己的好行为或活动成果感到高兴，但豆豆觉得自己失败就哭了。

下一步策略

(1)在创设自然角的时候，就告诉幼儿种植的是什么植物，并带领幼儿了解植物的生长特点，让幼儿清楚地知道如果一次给植物喝许多水的话，植物会受不了的，要隔一段时间再让它们喝水。就像小朋友一样，喝水喝多了就会不舒服，有的小朋友还会吐。并和幼儿一起讨论一次应给植物喝多少水，再对种植的土进行观察，区分种植土的干和湿。种植土如果干，就是植物需要喝水，如果不干，就是它不渴。让幼儿在吃完早饭后，通过观察植物的变化，根据植物的需要给植物喝水。

(2)教师可以对豆豆每天都坚持照顾自己的小植物进行表扬，帮他找回自信心，并鼓励他再种植一棵小麦苗，在种植过程中，如果豆豆运用正确的方法照顾小麦苗，教师应对豆豆给予及时的肯定，增加其自信心。

19. 我们的小乌龟

刘　蕊（小）

在班级的自然角里，有平平和安安带来的两只小乌龟，大家都特别喜欢，每天都细心地照顾着小乌龟，吃过早饭后，给小乌龟喂食、换水。在大家一天天的照料下，小乌龟健康地成长着。可是，有一天，小乌龟的家里却变成了白色，幸亏王老师及时发现，赶紧把小乌龟从家里拿出来，给他们换水，小乌龟才没事。后来，经过询问我们才知道，原来是在喝奶的时候，思思把自己喝的牛奶都倒进了小乌龟家里，导致小乌龟的家里变成了白色。小朋友们知道思思把牛奶倒进小乌龟家里很生气，都说不想和她做朋友了。听了这些话，思思很委屈地哭了……

分析与反思

小班幼儿的思维特点是以直觉行动思维为主，教师要理解幼儿的思维方式和水平。思思把牛奶倒进小乌龟家里，也许是觉得好玩，看看小乌龟是不是也像自己一样喜欢喝牛奶。从对于小朋友都说不和思思做好朋友这件事来说，让思思在心理上很接受不了，严重的话很可能会导致幼儿不爱来幼儿园的现象。

下一步策略

(1)教师应及时地询问思思："怎么把好喝的牛奶都给小乌龟喝了？是想和小乌龟一起分享吗？"先听听孩子的想法，如果思思是想把牛奶和小乌龟分享的话，就要告诉全班的小朋友，让小朋友不要误会思思，从而缓解小朋友对思思的态度，让大家还能和她继续做朋友。如果不是这样的话，教师要继续询问幼儿为什么将奶倒进小乌龟家里？并告诉幼儿：小乌龟说它不喜欢喝牛奶，牛奶会把它的家弄脏的。

(2)在班级中开展"小乌龟"的活动，让幼儿了解小乌龟的生活习性，喜欢在哪里生活、喜欢吃什么，进而引发如何照顾小乌龟的话题，让幼儿一起讨论我们以后要怎样照顾小乌龟，小乌龟才能健康地长大。

20. 我没有小树叶了

宋 莹

户外活动时，孩子们自由分散活动，突然，熹熹哭着跑过来，举起手里的一片小树叶着急地对我说："老师，依依把我的树叶给撕了。"我有些不解，蹲下来对他说："慢慢说，别着急，把话说清楚。"

"是依依，抢走了我的小树叶……"话没说完，熹熹的眼泪哗哗地往下流。我笑了笑安慰她说："不就是一片小树叶嘛，再去捡一片吧，不要哭了。"可熹熹却很伤心，她的回答让我吃惊："我本来有两片树叶，一个叶妈妈，一个叶宝宝，可是她抢走了叶妈妈，把它撕坏了，叶宝宝都哭了。"我摸摸孩子的头说："这样吧，叶妈妈没有了，你来当它的妈妈好吗？好好地保护它，不要让它再被别的小朋友欺负。"熹熹点点头，小心翼翼地拿着小树叶走开了。

分析与反思

原来在孩子的心中，小小的树叶不单单是片叶子，孩子们的童心为它们赋予了更多的色彩，让它们有了生命，有了情感，这就是孩子眼中的大千世界。熹熹小朋友平时就是一个有爱心的小朋友，她能勇敢地保护"小蚂蚁"，还能把"小蜘蛛"送回家，有一次我们班的大腾把她发现的小"磕头虫"踩死了，她哭得很伤心，由此看来，她是一个很有爱心的孩子。《指南》中指出幼儿科学学习的核心是激发探究兴趣，体验探究过程，发展初步的探究能力。成人要善于发现和保护幼儿的好奇心，充分利用自然和实际生活机会，引导幼儿通过观察、比较、操作、实验等方法，发现问题、分析问题和解决问题；帮助幼儿不断积累经验，并运用于新的学习活动，形成受益终身的学习态度和能力。

下一步策略

(1)鼓励、表扬幼儿爱护小植物的行为，在日常生活中，也多教育幼儿，不管是什么东西都是有生命的，我们要爱护它们。

(2)多亲近幼儿，和幼儿多交流、多沟通，真正地走进幼儿的内心，做幼儿的好朋友。

(3)教育幼儿做一个懂得分享的孩子，但不能去抢别的小朋友的东西，告诉幼儿，如果你抢了别人的东西，那别人也是会不开心的。

21. 植物的浇水

宋　莹

今天早上，玥玥很早就来到了幼儿园，她先去为自然角的小植物浇水。我们班自然角的动植物种类有很多，有观赏的小鱼、小乌龟和各种小花、小草，还有各种种子，小朋友们每天都会来这里欣赏和照顾它们，为小植物们浇水。可是今天玥玥浇水时，她不知道哪些植物应该少浇点水，哪些植物应该多浇点水，就都浇了好多水，然后就转身离开了，也没有注意到花盆里的水是否太多而溢出来，也没有想过，这个小植物是否已经喝饱了，不想再喝太多的水了，最后会因为浇水过多而淹死。

分析与反思

(1)由于幼儿不懂得养植物的知识而导致幼儿不知怎么浇水。

(2)没有投放植物的观察记录，所以幼儿没有观察种子的变化，达不到植物角的真正意义。

《指南》中指出幼儿的科学学习是在探究具体事物和解决实际问题中，尝试发现事物间的异同和联系的过程。幼儿在对自然事物的探究和运用所学解决实际生活问题的过程中，不仅获得丰富的感性经验，充分发展形象思维，而且尝试归类、排序、判断、推理，逐步发展逻辑思维能力，为其他领域的深入学习奠定基础。

下一步策略

(1)晨间谈话时间和幼儿讲讲养植物的知识。

(2)植物角要放观察记录表，让幼儿及时记录，知道种子的生长过程。

(3)增加多种种子，可以让幼儿自己种植。

22. 我喜欢小花

郑寅初

孩子们在家种植的小花带到了班级的自然角，这几天小花儿们陆续地开放了。孩子们看到这么多小植物高兴极了，经常围着自然角边观看边说："老师，你看，我带来的小花开得漂不漂亮?"还用手摸摸五颜六色的花朵。但还有一些孩子失落地看着自己的小花，原来，他们的小花还是花骨朵，并没有开放呢。今天在活动区时，许多小朋友都来观察小花朵，这时，突然有个孩子大声叫我:"老师,有人把小花给掰开了。"我走过去,看到有几片小花瓣掉在花盆的旁边,还有的花被剥开露出了小花蕊,一片狼藉的景象。询问后知道,小朋友们为了让自己的小花也快点开,就把花瓣掰开了。

分析与反思

当幼儿对周围事物的现象(动植物生长、天气变化、物理现象等)和特征以各种表情、身体、动作及声音表现出好奇和兴趣时,教师应给予保护和支持。孩子们看到自己的花开得漂亮时很高兴,所以自己的花没开的幼儿便有些着急了,为了让自己的小花也快点开放,变得更漂亮,便用小手剥开花朵。这是幼儿的从众特点。在受到其他幼儿或外界影响后,从而改变了自己本来的一些想法,并随从大多数幼儿。为了让自己的小花也快点开放,便尝试用自己的方法来帮助小花。

下一步策略

(1)引导幼儿观察自己盛开和用手剥开的花朵,经过两天有什么变化(自己开的花朵还在开放,而用手剥开的花朵已经蔫了)。

(2)为幼儿提供不同种类盛开的花朵图片和含苞待放的花朵图片,引导幼儿观察它们不同的美丽之处,知道花朵无论是盛开还是含苞待放,都是最美丽的。

(3)为幼儿提供可以浇水的工具,引导幼儿自己给小花浇水,照顾小花。通过活动知道花朵也是有生命的,我们要爱护小植物。

23. 背上的小房子
郑寅初

一天雨后,老师带孩子们去操场寻找小蜗牛,孩子们开心极了,都高兴地拍起了手。一到操场,他们就纷纷蹲在绿植旁找了起来。不一会儿,很多孩子都发现了小蜗牛,开心地大叫着:"老师,老师,快来看呀,我找到啦,我找到啦。"我走过去和他们一起看。慢慢地,孩子们便把小蜗牛放到手上观察起来,有的摸摸小蜗牛的壳,有的碰碰它的触角。这时,突然有个小朋友跑到我身边说:"老师,有小朋友用小棍杆小蜗牛,你快去看看吧。"我连忙走过去,询问后才了解到,原来是因为小蜗牛一直躲在壳里不出来,他为了让小蜗牛快点出来,才用小棍去杆它。

分析与反思

根据小班幼儿特点：对周围事物、现象感兴趣，有好奇心和求知欲这一特点。小蜗牛探出头来小朋友都很开心。但有一部分幼儿的小蜗牛还是一动不动，所以他们在看到别的小朋友的小蜗牛都伸出了触角后，便有些着急了，也想让自己的小蜗牛快点出来，于是便用自己的方法进行探究。

下一步策略

(1)首先发生情况时，教师不应严厉指责幼儿，应先询问原因，再根据事情进行引导。引导幼儿思考为什么小蜗牛有时候会一直缩在自己的小房子里(因为小蜗牛到了一个陌生的环境中)。可以给幼儿提问："如果你在一个陌生的环境中看到不认识的人，你会害怕吗?""如果害怕、紧张，怎么做你就不会再害怕呢?"

(2)在班中开展观察小蜗牛的活动。引导幼儿通过图片和真实的小蜗牛，观察了解蜗牛的外貌特征和生活习性。

(3)引导幼儿尝试用不同的食物喂养小蜗牛，培养幼儿的爱心。创造更多的机会，让幼儿与小动物有更多的接触，爱护小动物。

24. 种子的秘密
郑寅初

根据本班这月主题，老师在自然角投放了一些瓜子、花生、大豆类的植物种子。每天在活动区时，孩子们兴致勃勃地争着来自然角观察。今天，也有几个孩子来自然角观察小种子。不一会儿，其中一个孩子跑来对我说："老师，你快来看看，他们把花生的皮都剥开了。"我走过去一看，看到地上零零散散的散落了一些花生皮和瓜子皮，另外几个孩子还在继续剥着。他们剥得很认真，并没有发现我走到了他们身边，有的小朋友一边剥还一边观察着，摸了摸剥好的小种子。看到他们这么好奇、认真，我便坐下和他们一起剥了起来。

分析与反思

根据小班幼儿对周围事物、现象感兴趣、有好奇心和求知欲的特点，教师应关注幼儿所关注的事物和现象，保护幼儿的兴趣和好奇心(如地上掉的种子、花瓣等)。很多孩子在从看、摸、闻观察小种子后，便更加对种子里边有什么充满了强烈的好奇心，大多数幼儿便选择动手尝试，发现其中的奥秘。而当有一名幼儿开始尝试后，其他幼儿便跟着模仿了起来。

下一步策略

(1)首先发生情况时,教师不应严厉指责幼儿,应先询问原因,再根据事情进行引导。根据现在本班幼儿对小种子兴趣,创设种子的奥秘活动,师幼一起探索小种子(剥开种子看看里面有什么,观察种子的构造),认识几种常见的小种子,如花生、瓜子、蚕豆。

(2)将完整的瓜子、花生和被剥开皮的放在一起,引导幼儿观察哪种方法更易保存小种子。(剥开的种子过几天就蔫了,坏掉了)

(3)带领幼儿收集不同种子的果壳,尝试动手制作有趣的果壳手工作品,培养幼儿环保的意识。

25. 我最喜欢小兔子

郑寅初

近期班中开展了和小兔子有关的主题活动,班中一个孩子把家中饲养的小兔子带到了幼儿园和小朋友们一起观察。幼儿们看到活蹦乱跳的小兔子时,高兴极了,都围过来看看、摸摸小兔子。这时,不少孩子过来问我:"老师,小兔子怎么那么可爱?""它吃什么呀?""为什么小兔子的毛是白色的?还有别的颜色的兔子吗?"每天早上,孩子们都会从家里给小兔子带来很多蔬菜,他们很喜欢喂小兔子并和它一起玩耍。但是,有一天下午放学后,我发现小兔子的毛上有几个彩色的点点。

分析与反思

根据小班幼儿的年龄特点,他们常常会把动物也当成人,甚至觉得没有生命的物体也会说、会动、会想,是他们的同类。他们常和"娃娃"说话,跟小椅子"再见",这是幼儿思维"拟人性"特点的体现。因为小班幼儿对周围事物的探索大多都是通过对物体的看、听、摸、闻、尝等感知、操作来进行的。所以在幼儿问道"小兔子有别的颜色的吗"后,他觉得五颜六色的衣服最好看,便也想帮小兔子穿上漂亮的衣服,所以他们也希望小兔子和他们一样穿上漂亮的新衣服,便用水彩笔给小兔子的毛染了色。

下一步策略

(1)带领幼儿观察小兔子图片或视频,了解小兔子的外貌特征,认识都有什么颜色的小兔子。

(2)和幼儿一起给小兔子喂食,可以通过猜想和实验了解小兔子爱吃什么,什么东西对小兔子的身体有坏处。并通过尝试用不同食物喂养小兔子的活动引申出，小动物和人类不一样，就像喂给它我们最喜欢的巧克力时，却会对它的健康有害一样，五颜六色的颜料也会有害它的身体健康。激发幼儿爱护小动物的意识。

（3）开展"给小兔子穿花衣"的美术活动，引导幼儿在纸上给小兔子穿上自己设计的漂亮衣服，并与其他幼儿分享展示。

26. 班中的"新朋友"

郑寅初

最近班中的自然角来了两位新朋友——金蟾和小蝌蚪。孩子们对新朋友的到来充满了好奇心。每天他们都很有兴致地围坐一起来观察小蝌蚪和金蟾。一天早上刚到幼儿园，一个孩子对大家说："我周末也去小公园捞蝌蚪了，妈妈还跟我说小蝌蚪的妈妈是青蛙。"有的孩子露出了疑惑的表情，还有的幼儿正在和别的孩子说着什么，随后大家便又认真地观察起来了。放学后，我来到自然角，观察动植物的生长情况，突然发现，金蟾的缸有两只小蝌蚪，并且金蟾嘴里还露出了一只小蝌蚪的尾巴。

分析与反思

幼儿对周围事物现象（动植物生长、天气变化、物理现象等）、特征以各种表情、身体、动作及声音表现出好奇和兴趣。并且他们会把一切东西都视为有生命、有思想感情和活动能力的，因此，经常会看到班中的小朋友与布娃娃讲话，这是幼儿泛灵心理的一种特点。班中的自然角分别养着金蟾和小蝌蚪，幼儿每天都会来观察，但很多幼儿都不知道小蝌蚪的妈妈是小青蛙，今天在听到其中一个小朋友说的话后，便联想到了自己和妈妈生活在一起很快乐，觉得小蝌蚪应该和妈妈生活在一起，便用自己的方法帮助了它们。并不知道小蝌蚪和金蟾生活在一起会怎么样。

下一步策略

（1）肯定孩子的爱心，理解孩子的泛灵心理。教师可以借用幼儿的泛灵心理，用拟人化的语言对他们进行引导，如用"小蝌蚪悄悄地告诉我，我已经长大了，可以自己睡觉了，不需要再跟妈妈生活在一起啦"这样的语言对幼儿进行引导。

（2）带领幼儿观看金蟾和小蝌蚪的视频或图片，分别了解它们的外貌特征和生活习性。还可以和幼儿一起观察当金蟾和小蝌蚪生活在一起后，小蝌蚪有了什么变化。使幼儿知道金蟾并不是小蝌蚪的妈妈，并且小蝌蚪已经长大了，可以独立了。

（3）通过活动丰富幼儿有关这些动物生活习性的知识，使他们掌握正确的饲养小动物方法。

27. 小种子发芽了
陈姊璇

两天前，在我们班自然角的种植箱里种下了种子，今天早晨我发现已经开始冒出了小芽和小苗了，小小的嫩芽很是可爱。过渡环节的时候，我再一看自然角，种植箱里的小嫩芽便少了很多，还有很多的叶子也被掐断了一半，我四处看看寻找着这个"小凶手"是谁的时候，我发现不远处琦琦赶忙紧张地把手里面的小叶子扔掉，然后用无辜的大眼睛看着我，并且凑到我跟前说："老师，我……我……就想看看叶子摘下来后的小植物会不会流血，真的不是想要去伤害它们！"

分析与反思

小班幼儿就是对新鲜的事物好奇心强，喜欢用最直接的方法摆弄物品。琦琦就是这样，他对植物的生长过程充满着好奇心，就想通过摘下叶子来探索植物会不会流血？但他们却运用了不正确的探索方法，这也是小班幼儿的年龄特点。首先教师需要抓住各种机会去鼓励幼儿并且满足幼儿喜欢探索的需要，因为他们只有通过不断地探索、尝试，才能获得答案。与此同时，教师还应引导幼儿了解正确的探索方法，并且要让幼儿懂得保护植物的重要性。

下一步策略

《指南》中写道："引导和鼓励幼儿积极运用多种感官感知周围事物，使幼儿对常见的事物、现象及其变化产生浓厚的兴趣与探究的欲望。为幼儿简单的、自发的探究活动创造与提供宽松的环境。当幼儿对周围事物现象、特征以各种表情、身体动作及声音表现出好奇和兴趣时，给予保护和支持。抓住各种适宜的机会鼓励和满足幼儿喜欢探索的需要。在日常生活和游戏中引导幼儿喜欢、爱护动植物，愿意参加饲养小动物、给植物浇水等活动。"根据这些可有以下策略。

（1）了解植物的生长过程：首先通过照片、视频或各阶段植物生长的展品等方式给幼儿展示植物的生长过程，让幼儿了解到每种植物从种子—发芽—出苗—开花—结果的生长过程。其次让幼儿了解到每一种植物的生长过程都是很脆弱的，需要外界的呵护，引导幼儿有保护动植物的意识。

（2）种植记录：教师带领幼儿进行泡豆子这样的简单种植操作。让幼儿通过亲身体验，感受豆子泡发—蜕皮—发芽的生长过程。教师还可以鼓励幼儿把每一阶段小种子的变化用绘画、粘贴等形式记录下来。

28. 我的小苗最高
王金艳

植物角里摆满了各种各样的花盆，花盆里是班中小朋友和家长们共同种植的各种植物。小朋友们每天都要进行观察，经常有小朋友兴奋地来到我的身边，告诉我说："老师，我的小苗长出来了。"这个时候我就会跟着他们来到植物角，与他们一起分享小苗生长的快乐。两周的时间，绿油油的小苗都长了出来，小朋友们纷纷围拢在植物的旁边，议论了起来。宁宁说："我的小苗高。"恒恒说："我的小苗最高。"他们为了证明自己的小苗高，还伸出小手比划着，进行测量。就这样植物角中开展了热烈的讨论，是谁的小苗最高呢？

分析与反思

小班的幼儿对于种植活动很感兴趣，喜欢观察，进行比较。但是因为他们的认知水平的不足，不会测量，只是用小手比划（幼儿自己身体的一部分），因为没有准确的测量工具，小班的幼儿都会说自己的小苗最高。

下一步策略

（1）鼓励幼儿用自己的身体部位进行测量，如小手指、手臂、小脚等。

（2）教师引导幼儿在一日生活中用常见物进行测量，如铅笔、绳子、纸条等。

（3）为幼儿的测量活动提供标准的测量工具，如有刻度的刻度尺。

29. 兔子害怕了
张秀芹

童童可喜欢家里的两只小兔子了。她每周都要带两天来幼儿园与小朋友一起喂养、观察、游戏。班里的孩子们对小兔子也真是爱不释手。他们经常带着小兔子喜欢吃的食物喂给它们吃。边喂边说："小兔子吃我的胡萝卜了！""呀！小兔子吃我的菠菜啦！"可是，我班的几个小男孩儿就不一样了。他们只要一来到小兔子笼前就想摸它们，只要摸不到兔子他们就用力"啪—啪—啪"地敲打笼子，吓得小兔子来回躲闪或是挤在一起不敢动。看到小兔子的样子，几个男孩儿有的拍手叫好、有的哈哈大笑。他们重复着敲打的动作，开心得不得了。直到老师走过去告诉他们这样做对小兔子不好，它们会害怕的。这时他们才依依不舍地走开。

分析与反思

幼儿天生喜欢小动物，也喜欢和小动物一起玩儿。但是由于小班幼儿年龄小，生活经验和知识的不足，他们不知道怎样和小动物玩儿。认为小兔子上蹿下跳的样子就是和小兔子做游戏了。根本不知道这样做小兔子会害怕，会受到惊吓的。

下一步策略

(1)发生这种情况幼儿不是故意的，我们不要责怪他们。要通过认识和了解小兔子的生活习性和特征让幼儿知道小动物是我们的朋友，我们要爱护它们。对它们要轻轻地摸一摸、要小声跟它们打招呼，这样小兔子就不会着急、害怕了。

(2)学习正确的喂养小兔子的方法，渐渐地与之建立情感和相互的信任。

(3)小兔子有尖尖的牙齿和爪子，急了也会咬人、抓人，引导幼儿要知道保护自己不受伤害。

30. 我们的新朋友
吴冬冬

幼儿园饲养区新来了两只小兔子，一只白白的，一只黑黑的，身体小小的，毛长长的，可爱极了。孩子们一看到这两只兔子立刻激动起来，一窝蜂地围过来，有的孩子用手轻轻地摸一摸它的身体；有的拔掉旁边的小草喂一喂兔子吃；有的告诉老师他们家也养过这样的小兔子；更有一些孩子兴奋地一边蹦跳一边指着兔子大喊大叫，声音越来越大，吵得几个女孩子直捂耳朵。萱萱边捂着耳朵边对他们说："别喊了，别喊了，我都没办法看小兔子了。"叫喊的那些小朋友好像没听见萱萱说的话，继续欢呼雀跃。这时，琪琪捂着耳朵向我走来："老师，他们太吵了，我的耳朵都被吵疼了。"越来越多的孩子跑来向我告状……

分析与反思

小班孩子大都对温柔又可爱的小动物充满了喜爱。抚摸、喂一喂小动物、和老师谈起曾经的相处经历等话题，都充分说明了这一点。随着幼儿谈话兴趣渐浓，活动的气氛逐步被带动了起来，在那样热烈的氛围带动下，所有的幼儿都被感染了，很快地进入了兴奋状态，积极地想要表达他们内心的喜爱之情。有的幼儿由于表达能力、知识经验有限，一时插不上话，只好以叫嚷的方式表达自己的激动与兴奋。他们的喊叫，表达的是对小动物的喜爱，绝不是我们大多数时候所认为的"捣乱"。

下一步策略

幼儿正处于兴奋状态时，贸然进行说教不易被他们所接纳，且会打击幼儿积极性。所以应理解幼儿的叫嚷，给他们一段时间让他们完全表达出来，等多数幼儿逐渐心情平复下来了，再通过观察动物外部特征、饮食习惯等引导，帮助幼儿找到话题，融入活动。

31. 小植物都有自己的名字

张秀芹

春天来了，孩子们和家长种下了自己喜欢的小植物，放到了班级自然角。有红豆、有绿豆、有小麦、有花生等，非常丰富。在我和孩子的细心照顾下，小种子陆续发出了小芽，并一天一天长大。孩子们真的好高兴啊！今天早晨我和几个孩子来自然角观察，发现小植物又长大了一点。这时红红指着绿豆苗说："看我的小草长高了哎！"花花指着小麦苗说："我的小草也长高了！"东东也指着自己的花生苗说："我的小草长得最高了！"

分析与反思

第一，小班幼儿喜欢模仿。别人说小草自己也说小草。第二，幼儿的认知水平不足，植物的辨别对于小班幼儿比较难，叫不出那么多小植物的名字。而小草是幼儿生活中最常见的，所以他们把许多植物都叫小草。第三，家长在与幼儿一起种植前，没有和幼儿一起讨论种植的小植物是什么，使幼儿不知道植物的名字，导致把它们都叫成了小草。

下一步策略

教师在指导家长和幼儿一起种植时要强调，种植日常生活中常见的、孩子喜欢的植物。种植前首先要认识种子并知道种子的名称，鼓励幼儿亲手种植，这样能加深幼儿的记忆。另外种植完毕后可在小花盆的外面附上植物的照片。帮助幼儿了解植物的生长变化、记忆植物的名称。日常生活中，教师随时引导幼儿对植物进行观察、比较发现它们的变化，指导幼儿进行记录。从而帮助幼儿区分各种植物，并说出名称。

32. 豆苗宝宝生病了

宋莉岩

初冬的一天中午我带着孩子们到种植园里散步，孩子们边说边看地走进了种植的蔬菜。突然，涵涵大声喊起来："哎呀！豆苗都倒在地上了！"其他小朋友听见了，也马上围了过来。我也连忙走过去看，只见涵涵站在豆苗前伸开双臂，不让其他小朋友去碰，嘴里还在说："不要碰豆苗宝宝，它生病了。""是不是该浇水了？"明明问，"不对，就是生病了，我生病的时候，我妈妈就让我在床上躺着！"涵涵着急地喊着。

分析与反思

昨天晚上降温，豆苗都受冻了所以才会倒下。小班幼儿知识经验较少，他们不了解天气温度的变化会对植物生长产生影响。只会根据看到植物倒在地上的现象，将自己的现有生活经验迁移，认为它们就是生病了。

下一步策略

(1)教师引导幼儿发现今天气温降低了，告诉幼儿现在是初冬季节了，豆苗是因为天气寒冷，受冻了才倒下的。给幼儿讲一讲大棚种植对植物生长的初步知识，引发幼儿想出帮助豆苗抗寒的方法。

(2)幼儿爱观察身边植物的变化，还带着一颗充满童真的爱心，会因为豆苗宝宝倒下来感到难过，又会因为想出了办法帮助豆苗取暖而开心地笑，教师要珍惜幼儿这些美好的东西。并在情感上，要能及时回应幼儿。

(3)通过一些符合幼儿最近发展区的教学内容，引发幼儿想出各种办法帮助豆苗取暖，如把豆苗移植到室内继续养殖、为豆苗建个大棚等，支持帮助幼儿解决问题。培养幼儿从小"保护植物朋友"的好品质，努力做一个有爱心、会思考、会探究的人。

33. 轩轩受伤了

宋莉岩

童童每次把家里的小兔子带到幼儿园来都会受到孩子们的欢迎。他们会围在小兔笼子的周围，有的跟小兔子说说话、有的给小兔子喂食物、有的摸一摸小兔子的茸毛。今天的区域活动和往常一样轩轩手里拿着萝卜叶子和几个小朋友又来到小兔子笼子前："小兔子快来吃呀！""小兔子你吃我的。""小兔子……"一会儿，就听到轩轩"哇"地一声大哭起来。童童连忙跑过来对我说："老师，轩轩的手被小兔子咬流血了。"

案例分析

原来轩轩是在喂小兔子吃萝卜叶子的时候，手里的叶子太小而被小兔子不小心咬伤的。小班幼儿喜欢小动物，他们常常把小动物当成人来跟它们玩。喜欢喂一喂它们、摸一摸它们，跟它们说说话。但是由于幼儿认知水平的不足，导致他们不知道怎样与小动物去交流，不知道小兔子的牙齿是尖尖的，而且是很厉害的。轩轩专心地去喂小兔子，所以没有防备小兔子会咬到自己的手，致使被小兔子咬伤。

下一步策略

首先做一下紧急处理。用力挤一挤孩子伤口的血。然后由保健大夫进行消毒处理，如果伤口比较深的话就要带幼儿到医院及时就诊保证安全。然后针对轩轩被咬伤的事件对幼儿进行安全教育。请幼儿说一说轩轩为什么会受伤？引导幼儿说出因为轩轩拿的叶子太小，小手离小兔子的嘴巴太近，小兔子喜欢吃小叶子，想快快地吃到，结果就张大嘴巴，一大口就咬到了轩轩的手了。小动物不懂事儿，它不知道咬到人会很疼的。所以幼儿在和小动物游戏的时候，要学会保护自己，在喂食的时候小手要离小兔子的嘴巴远一点，这样就不会受到伤害了。

34. 小鱼吃食

张秀芹

今天早晨来园和往常一样，早来的小朋友都纷纷去照顾自然角的小植物和小动物了。他们有的观察小植物长高了没有，有的给自己的小花浇水，有的观察乌龟小眼睛睁开了没有，还有的给小鱼喂食。忙完之后，小朋友们就都纷纷离开教室到户外活动去了。可是我却发现，乐乐在自然角聚精会神地盯着鱼缸里的小鱼，一动也不动。"乐乐！乐乐你在干什么？"任由我怎么叫他的名字，他都没有丝毫的反应，还是一动不动的。这到底是怎么回事呢……

分析与反思

看到乐乐入神的表情，我悄悄地走了过去。发现鱼缸的水面上漂着很多的鱼食。鱼缸里的小鱼们正大口大口地吞着鱼食。我轻轻地摸摸乐乐的头问："乐乐你发现了什么？""老师你看，小鱼在吃食物，它的嘴张得大大的一下就能吃到。"

哦！原来，乐乐是在看小鱼吃食物。我问乐乐："是谁给鱼喂这么多食物啊！"乐乐回答："老师，是我喂的。""呀！乐乐，如果小鱼吃这么多的食物会撑死的，小鱼就不能跟我们做游戏了。"乐乐点点头。

下一步策略

我连忙捞出部分鱼食告诉乐乐："小鱼是不能吃这么多食物的，它的本领很大，能准确地捕捉到自己喜欢的食物。但是它不知道自己饱不饱，见到自己喜欢吃的就吃吃吃，一个劲儿地吃，直到自己吃得不能动了。可是，小鱼的身体那么小，怎么能消化那么多的食物呢，最后就撑死了。所以，喂小鱼食物的时候要少喂，只要它们不饿就好了，小鱼就能活很长时间，就能长大。我们小朋友也是一样，如果好吃的东西吃很多，你的小胃也受不了，就会生病。有可能还要打针、吃药，那时小朋友多痛苦呀！所以我们和小鱼是一样的都不能多吃，这样身体就能健健康康的，不生病。"

35. 我不喜欢小动物
王　坤

自然角中新添了一些小动物，有小金鱼、小蜗牛和小乌龟。孩子们看见这些小动物，高兴极了，一有空就来这里围着它们喂喂食物、逗逗它们玩。几次观察，我发现当其他小朋友都争着看动物的时候，诺诺总是躲得远远的，看都不看一眼，好像很不感兴趣。于是我悄悄地走到诺诺身旁问："诺诺，那些小动物特有趣，你不想过去看看它们吗?"她唯唯诺诺地说着："小乌龟很厉害的，它会咬人；小蜗牛身上有病毒，妈妈告诉我不要靠近它。"说完又继续向后躲了起来。

特别喜爱小动物是幼儿的天性，绝大多数的幼儿都会对小猫、小兔子、小乌龟等产生好奇和愿意主动亲近的心理。但是诺诺小朋友每次见到小动物都会躲到大家身后。其他小朋友开心地喂养小动物他也只是远远地观望。由于幼儿在家长的教诲下过于关注卫生的因素，所以选择远离可爱的小动物。当然孩子一旦形成了这样的想法就很难培养热爱小动物的情感了。

分析与反思

个别小朋友认为动物"好脏的、有虱子的、好可怕的、会咬人的"。这种现象说明幼儿过于考虑卫生方面的问题，而没有建立起应有的"科学探索的好奇心"及"科学探究的习惯"。所以《指南》中提到：成人一定要在幼儿阶段经常地带幼儿接触大自然，激发其好奇心与探究欲望，鼓励幼儿大胆地发现与尝试。

下一步策略

（1）首先不要急于让他们马上接纳小动物，而是允许他们在适宜的距离内保持观望。

（2）教师还要在平时组织幼儿观看如何清理小动物的房间，如何喂小动物卫生的食物，如何给小动物洗澡等。在这些活动中孩子们不仅可以学到一些照顾小动物的技能，还可以了解饲养小动物一定要勤快。只有这样小动物才会又健康又可爱。

（3）对于胆小怕脏的幼儿可以从完成做一件照顾小动物的任务开始，逐步接近小动物，自然而然地消除恐惧心理，在与小动物互动的过程中一定会慢慢建立感情，成为很好的朋友，那么观察他们的"动物朋友"就会成为一件开心而有趣的事了。

36. 小种子失踪了
王　坤

小朋友从家里带来许多小种子，有萝卜、玉米、向日葵等。今天上午我带孩子们到自然角种植，挖坑、播种、浇水、填土，他们干得津津有味。尤其是明明干得非常认真，歪着脑袋问我："老师，为什么要把种子藏在土里？"我说："因为小种子非常弱小，需要保暖，需要营养。"明明又小声嘟囔着："是不是可以把小种子放在小杯子里？放在自己的衣服里？或是书包中呢？"我当时没有意识到诚诚的好奇心所引发的行为。几天之后，我发现自然角小种子越来越少，这是怎么回事呢？通过观察我发现明明在自然角中偷偷地把一些小种子藏起来了，有的装在兜里带回家中私自保管。

分析与反思

结合幼儿偷偷地把种子藏起来的现象，我们可以发现在《指南》中提到：3～4岁幼儿喜欢接触大自然，对周围的很多事物和现象感兴趣。经常会好奇的摆弄物品。这说明，幼儿在这个阶段正是好奇心与探究欲望比较强烈的时期。喜欢用多种感官进行探索。所以发生"藏种子"的情况也正是说明幼儿所具备的年龄特点。藏起来，不一定是想独占，而是很可能希望有更多的机会去观察和发现种子的变化。

下一步策略

（1）教师进行与幼儿的对话，根据幼儿的想法老师可以提醒他，小种子的家在"土壤里"，我们要爱护它并要帮助小种子成长，所以要把它藏在土壤里经常地浇水、松土、施肥，它才会生长得很好。如果喜欢"小种子"并把它藏起来就会影响它们生长。

(2)教师就要与家长及时联系，请家长在家中也为幼儿提供"种植"的材料，满足孩子的好奇心。但是幼儿园的"种子宝宝"可不能带回家，因为"小种子"还有许多小伙伴在等待和它一起发芽呢。运用这种拟人的方式告诉幼儿，在幼儿园的集体中"小种子"是属于大家的。

37. 我只喜欢喝生水
朱 宁

过渡环节中动作较快的孩子会自主地选择玩具或者观察小植物，我在户外和孩子们一起观察自然角小植物时，孩子们都很认真地观察并照顾着自己的小植物，时不时地还会和我交流小植物的动态。悠悠也在自然角观察小植物，看见小朋友都很认真地给小植物浇水，悠悠说道："这个小白菜也太干了吧，我也给它浇浇水。"于是她就跑回班用自己的小水杯在饮水机那里接了一杯温开水，连忙跑到小植物那里给它浇了一杯，这时候熙熙看到了大声地说："哎呀！老师，她给小植物浇的是饮水机里的水"。

分析与反思

在幼儿对动植物感兴趣时会给予保护和支持。小班的幼儿容易把物体拟人化，他们平时口渴了就会喝饮水机里面的水，所以幼儿看到小植物土太干了，就会想到接饮水机里面的水来浇水。小班的幼儿好奇心强，但是生活经验较缺乏。

下一步策略

(1)真诚地接纳、多方面支持和鼓励幼儿的探索行为。让幼儿直接感知、亲身体验和实际操作，进行科学学习，了解小植物喝温开水不能生存。

(2)平日里丰富幼儿生活常识及经验，让幼儿学会正确地照顾爱护动植物的方法。用规则图片的形式布置在科学区的墙面上，给予提示的作用。

(3)老师要容忍幼儿因探索而弄脏、弄乱甚至破坏物品的行为。认真对待幼儿的问题，引导他们猜一猜、想一想，有条件时和幼儿一起做一些有趣的小实验。

38. 请你让我自己生长
朱 宁

春天来了，天气也渐渐暖和了，我和孩子们一起种植了很多小蔬菜放在了自然角，孩子们也从家带来了自己喜欢的小植物，和小朋友们一起观察。

每次过渡环节孩子们都会来观察小植物，他们特别喜欢来自然角观察，每天都能看到小植物的变化，细心地照顾它们，为它们浇水、松土。日子一天一天地过去了，今天在过渡环节的时候嘟嘟去了自然角观察小植物，不一会儿，她连忙大叫道："它怎么长得这么慢呀！"很多孩子的目光都转向了她说到的小植物。她一边给大家指了指，一边说道："你长得这么慢，我来帮帮你吧。"于是她就把还没有钻出来的小芽拔了出来。

分析与反思

经过幼儿这几天的观察，发现小植物一直没有生长，出于对植物的兴趣，于是就用拔小嫩芽的方式帮助了小植物。小班幼儿的操作与摆弄，都是他们好奇心强的表现，对于新鲜的事物都想看个究竟。喜欢接触大自然，也对周围的很多事物和现象感兴趣。

下一步策略

(1)教师可以利用嘟嘟的做法和其他幼儿一起探讨，引导其他幼儿也一同想一想、猜一猜：如果小嫩芽从土里拔出来还能不能继续生长？

(2)接纳鼓励嘟嘟对小植物喜爱的做法，支持幼儿自发的观察活动，对其发现表示赞赏。通过探讨的结果来让幼儿知道正确照顾小植物的方法，并知道植物的生长存在差异性。

39. 可爱的小兔子
宋　莹

今天带孩子们到幼儿园中的动植物角参观，孩子们对小兔子十分感兴趣，于是大家赶紧围过来，蹲在地上，观察小兔子是怎样吃食物的。孩子们看小兔子吃得那么香，都十分兴奋，纷纷找来菜叶和青草，一片一片地喂小兔子吃。就在大家都争先恐后地喂小兔子吃食的时候，我发现依依小朋友正蹲在后面，嘴里好像嚼着什么，我马上走过去，询问了情况才知道，原来她看小兔子吃青草吃得那么香，于是自己就学小兔子，往嘴里放了一些草，尝一尝青草的味道。

分析与反思

人们常用小兔子教育幼儿，如要向小兔子学习爱吃萝卜、爱吃青菜，做个不挑食的好宝宝。在幼儿的心目中已经把小兔子当作了榜样，再加上去喂小兔子的经历，让幼儿看到小兔子吃草非常香，激发起了想尝试吃青草的兴趣，所以才会产生学小兔子吃草这一举动。

下一步策略

首先要让幼儿明白小兔子和我们不一样，小兔子是动物，而我们是人类。同时让幼儿了解每一种动物吃的食物都不一样，而人是高级动物，所以也有自己的食物，但人吃的食物中没有草。如果人吃了草就会肚子痛，严重的还会生病，所以人是不能吃草的。

二、科学实验篇

1. 雪的味道
王　蓓

下雪了，这种难得的天气一定要带孩子们出去看看！我们一起玩了堆雪人的游戏，可开心了！孩子们惊喜地发现雪踩在脚下"咯吱"作响，还发现了雪可以攥成自己想要的形状，细心的孩子发现了雪花的形状，于是大家都趴在雪地里仔细地观察起来。我们共同商量决定用小桶装一桶雪，带回到科学区用放大镜仔细观察，也要看看雪到班里会不会发生变化。我和孩子们刚把雪桶放在桌子上，准备去拿放大镜，突然传来一个声音："老师！晨晨吃雪了！"我走进一看，晨晨正在抓起一块雪往嘴里放。我走上前去问他："你为什么要把雪放在嘴里呀?"晨晨说："我想尝尝雪是什么味儿的。"

分析与反思

小班幼儿对周围世界的探索主要通过对物体的看、听、摸、闻、尝等感知、操作活动来进行的。正因为幼儿喜欢接触大自然，对雪感兴趣、有好奇心、想探索，所以才会有尝一尝雪的想法。

下一步策略

(1)真诚地接纳、多方面支持和鼓励幼儿的探索行为。对于幼儿感兴趣的问题给予支持，可以收集干净的雪带回到班里，让幼儿都来尝一尝，说一说雪吃到嘴里的感觉、味道，获得感知经验。

(2)根据幼儿的兴趣，开展有关于"雪"的主题活动，对雪进行进一步研究。如雪是从哪来的、雪的作用等，还可以延伸其他领域的相关活动。

(3)再次带幼儿去户外观察雪，发现有些雪的颜色是黑灰色的，引导幼儿发现雪已经脏了，获得了探索经验后，不能再随意捡拾雪放在嘴里尝。

2. 电话筒风波

邓　潞

孩子们对新投放的玩具特别感兴趣。今天就有两个小朋友抢到了电话筒玩具，他们用电话筒说了几句悄悄话，不一会儿，他们走到我身边说："老师，我们把电话线弄断了。"我告诉他们，电话筒是用小纸杯做成的，把电话线抻得直直的，可以听到小朋友对你说的悄悄话，但是电话筒是比较脆弱的，如果它变成直直的以后再用很大的力气，电话线就会特别疼，也会断了。他们俩听完了以后点了点头，告诉我不会再把电话筒弄疼了，还主动要求和我一起把电话筒修好。

分析与反思

当幼儿在损坏玩具后，教师不应该先去否定幼儿，应先询问原因。我认为幼儿在游戏过程中，想要进行探索，他们想知道两个电话筒离得远一些是否还可以听得见悄悄话。科学领域的材料可以引发幼儿的探索。对于小班幼儿，教师在探索过程中要给幼儿自由、宽松的语言环境，促进幼儿表达与交流。通过观察、感知、尝试操作中发展观察、思维、操作和创造力，更加激发幼儿的求知欲和探索精神。

下一步策略

小班幼儿的年龄特点导致幼儿独自游戏较多，还不能与同伴合作游戏，所以可以多投放一些电话筒。还可以用儿童化的语言提示幼儿："如果很使劲地拽电话线，电话多疼呀！"和幼儿共同建立规则，用图片的形式布置在科学区的墙面上。还可以和幼儿共同制作电话筒，多鼓励幼儿的探索行为。

3. 吹泡泡

邓　潞

一天，我带着孩子们做了一个科学活动——吹泡泡。孩子们对此都特别感兴趣，我在示范和讲解的过程中，每个孩子都聚精会神地倾听。当泡泡吹出来的时候，他们都兴奋不已。每个孩子都想要来试一试。我把吹泡泡的材料发到每一个孩子的手上，并且给他们提出了一个问题。怎么能吹出泡泡，怎么样能把泡泡吹得很大。孩子们一边玩一边根据老师的问题探索着。这时，突然有个小朋友大叫了一声：老师，我刚才不小心把泡泡液吸到了嘴里。我赶紧跑到他的身边，带着他回到班，用小水杯漱了漱口。我询问幼儿刚才怎么不小心把泡泡液吸到了嘴里。他告诉我：刚才我想吹一个大泡泡，然后把泡泡圈举得高高的，然后泡泡液就流到了嘴里。

分析与反思

吹泡泡是幼儿喜欢的科学活动内容。幼儿在吹泡泡过程中感受到无比的快乐喜悦。为了使泡泡吹得更高更大，幼儿们自由探索，想用举得高高的方法使泡泡吹得更大。从而导致有些幼儿会不小心把泡泡液吸到嘴里。

下一步策略

教师可以自制一些泡泡圈，让泡泡圈的面积变小，更好地吹出泡泡，就会有许多泡泡在空气中轻舞飞扬起来，从而激发幼儿吹泡泡的好奇心。引导幼儿在吹泡泡过程中，进行简单地分析，还可以引导幼儿通过用不同的泡泡圈，进行对比，得出结论。

4. 好玩的泡泡
吴冬冬

最近班中科学区新投放了吹泡泡玩具，每天活动区孩子们都争先恐后地到科学区吹泡泡。"让我先吹吧，我可以吹出特别大的泡泡。""我能吹出连在一起的长泡泡。""我吹的泡泡不会破。""快看！我的泡泡飞得最高！"他们相互比赛，一个个试吹，有时轻轻吹一下，有时深吸一口气使出全身力气吹一下，顿时屋顶上飞满了大大小小的泡泡，有的落在地上，有的落在桌子上，有的落在孩子的脸上，他们相互追逐着抓泡泡，逗得哈哈大笑。桌上、地上、身上都是水，屋内一片狼藉，但是他们却玩得开心极了。

分析与反思

孩子们对新投放的玩具总是充满了好奇和喜欢，吹泡泡并不陌生，是小班幼儿非常喜欢的一个游戏，在玩的过程中孩子太过投入，以至于桌子上、地上、身上全是水，作为教师我们应当对孩子们的兴趣予以支持，并抓住这一教育契机引领他们进行进一步的探索，使之升华为有目的性的探究活动，自然地引导幼儿在玩中达到学习的目的。

下一步策略

根据幼儿兴趣，可以进行"好玩的泡泡"科学活动，为满足幼儿探索的好奇心，可以准备多种不同形状的吹泡泡工具，如三角形、正方形、桃心形、五角星形状、梯子形状等，让他们通过猜想、实践的方法，去探究泡泡形状的秘密。让幼儿感受到玩中探索的乐趣，积累更多的关于吹泡泡的感性经验，锻炼幼儿观察、比较、记录的科学探索能力，同时也留下了对泡泡进一步探索的兴趣。

5. 我们来数数

董　艳

在组织孩子们进行点数游戏活动中，孩子们很积极地参与游戏、玩得可开心了，过程中孩子们能够根据提示卡进行操作按数取物、并能准确地进行手口一致点数，动作也很协调熟练，游戏中孩子们会争着和老师互动、交流，愿意主动点数给老师看。但是每当老师问到"这里一共有几个"时？总是会有孩子忘记自己刚刚点数的数量总数，然后发挥自己的想象力，随便说出一个数字就作为回答，但是往往答案不正确，点数的总数量和说出点数字相差很多。

分析与反思

幼儿对于数概念并没有准确理解，不能通过点数来得出物体的总量。

下一步策略

(1)师幼共同点数，教师有意识地引导幼儿点数到最后一个数就是物体的总量。

(2)提供多种游戏材料，鼓励孩子在点数的基础上，逐步理解物体总量的含义及实际意义。

(3)利用生活环节，变化不同形式，引导幼儿巩固对数的理解。

6. 雪球不见了

刘　蕊(小)

今天下雪啦，我带孩子们去玩打雪仗的游戏，我们一起探索怎么才能把雪球变大，孩子们边说边尝试着如何把雪球变大，做好以后都拿着让我看。"老师，我的雪球大不大？""老师，你看，我的雪球多大。"大家高兴地玩了一会儿，我们正准备回班，一个小朋友跑到我跟前说："老师，媛媛把雪球悄悄地藏起来了。"可是媛媛却不停地摇着头。到了班里，媛媛大声地说道："我的雪球不见了，我的雪球不见了。"这时我看到媛媛的裤子湿了一大片……我问她："你的裤子怎么湿了呀？"媛媛把手放到兜里说："我的雪球不见了。"原来，媛媛是把雪球放到了自己的裤子兜里。

分析与反思

当幼儿对周围事物现象表现出好奇和兴趣时，教师要给予支持。对于媛媛把雪球放到了自己的裤子兜里，也许是因为她觉得雪球很好玩，想一直收藏。但由于幼儿对雪的特性不了解，雪球遇到身体的温度就融化了，不仅把裤子弄湿了，雪球也不见了。

下一步策略

(1)通过这件事，教师可以和大家一起观察讨论：雪球去哪儿了？引发幼儿的思考，进而让幼儿知道雪会融化。

(2)和幼儿一起做"雪"的实验，看把雪放到桌子上、手心里、暖气上会发生什么情况，让幼儿通过观察、操作、实验的方法，学习发现问题、分析问题和解决问题，帮助幼儿不断积累生活经验。

7. 节约用水
刘　蕊(小)

最近，发现我们班卫生间地面上总是湿湿的，这到底是怎么回事呢？于是，我开始特别关注幼儿的盥洗情况，上午我站在卫生间门口看着幼儿一个一个打洗手液、冲洗干净、给他们放袖子，结果毫无线索。下午，我故意在教室里忙里忙外，不一会儿，我就悄悄地走到卫生间，发现露露两手放在水龙头上，水龙头里的水一下子冒出来，溅到了墙上、地面上，露露一边玩着，一边开心地笑着。我走近露露身旁，她还没发觉。于是，我轻轻地叫了一声："露露，你在干什么呀？"她马上回过头，把手伸出来对我说："我洗手呢，马上就洗好了。"说完便转身擦手走了。

分析与反思

三岁是一个好动、好奇、好玩的时期，喜欢玩水又是幼儿的天性，但是他们又不知道水的重要性，所以在日常生活中，幼儿经常出现玩水的现象。

下一步策略

(1)在日常生活中，教师应引导幼儿用六步洗手法正确洗手。

(2)教师应为幼儿创设条件，提供丰富的活动材料，让他们和水做游戏，例如：开展吹泡泡、沉浮等活动。鼓励他们大胆探索，满足他们的好奇心。

(3)教师可以利用讲故事、看视频、看图片等形式，引导幼儿了解水资源来之不易，地球上的淡水是有限的，有许多偏远地区的人们都缺少水资源。进而渗透幼儿不要浪费水，把水留给那些需要的人们，激发幼儿养成节约用水的好习惯。

8. 小种子

刘　蕊（小）

今天，孩子们从家带来了西瓜、南瓜、向日葵的种子，我把它们放到了自然角里，让孩子们观察，有的孩子说："这是我带来的向日葵种子。""它们颜色不一样。""西瓜种子最小。"……在孩子的你一言我一语中，我听到月月和其他小朋友说："这个是咱们吃的西瓜子。"随后栋栋也说："这是咱们吃的瓜子。"宁宁说："这些我都吃过。"听到孩子们这么说，我赶紧告诉他们："这些生的小种子，是我们用来观察的，不能吃！一旦吃到肚子里就会不舒服，而且生的小种子也不好吃呀。"孩子们听了有的点点头，有的嘴里悄悄念叨："生的小种子不能吃。"有的观察着小种子。可是过了两天，我发现有几个小朋友还是把这些小种子放到了嘴里细细地品尝。

分析与反思

小班幼儿对周围世界的探索主要是通过对物体的看、听、摸、闻、尝等感知、操作活动来进行的。这些种子都是他们日常生活中常见到，也能经常吃到的。所以，对于这些生的小种子，幼儿也会把它们放到嘴里尝一尝，感觉一下它们的味道。虽然前期教师告诉幼儿这些生的小种子不能吃，但幼儿还是悄悄地把它们放到嘴里。

下一步策略

（1）教师可以用拟人的口吻跟幼儿说："小种子让我告诉你们，可不能吃我们呦，我们现在是生的，我的身体里带有细菌，你要是把我放到嘴里，你的肚子就会变得不舒服的。"

（2）在把种子投放自然角前，带领幼儿一起观察生的种子和被炒熟的种子，剥开看看里面果仁的颜色，尝尝它们的味道，满足他们的好奇心。

9. 旋转的多棱镜

王金艳

最近班里有计划地投放了一批新的玩具，如万花筒、多棱镜和磁铁等。越越和栋栋每人拿了一个多棱镜，按照多棱镜的玩法观察了一会儿后，就不喜欢看了。越越把多棱镜放在桌子上旋转着玩儿，多棱镜在他的转动下，一圈一圈地在平滑的桌面上转动着。栋栋模仿着越越，他们两个随着多棱镜的旋转，目光始终追随者多棱镜。当多棱镜停下来时他们哈哈大笑，当又一次转动多棱镜时，他们的注意力又是那么专注。这个新的玩法，让他们的兴趣越来越高。我注意到他们没有按照多棱镜的正确方法玩，而是把多棱镜当做陀螺来玩，自创了新的玩法。我参与了他们的活动，一直到活动结束的时候，他们的兴趣都没有减退。

分析与反思

新玩具投放不久，幼儿就已经完全熟悉了新玩具的玩法，开始不喜欢玩了，一种情况是孩子们已经掌握了新玩具简单的玩法，虽然，很多玩具列举了多种玩法，但是规律却是相似的，没有新鲜感，幼儿对于重复的玩法失去了兴趣，就根据自己的想法开始进行游戏。还有一种情况是玩具的玩法幼儿还没有完全掌握，需要幼儿主动地探索。

下一步策略

(1)如果幼儿已经熟练掌握了这个玩具的玩法，并且这个玩具的教育价值已经得到体现，教师就要鼓励幼儿发现更多的玩法，因为幼儿的发现是他们积极探索动脑筋的体现，越新颖新奇越能体现思维的活跃。

(2)教师要对幼儿的新发现，及时地给予肯定并让幼儿在同伴面前展示自己探索的新玩法，这样既可以启发同伴，又能使幼儿获得自信，在以后的生活中更加喜欢动脑筋。

(3)教师应投放可操作性强、有趣味性的玩具，鼓励幼儿一物多玩。如果幼儿不能正确地操作，教师应对幼儿进行适宜的引导，也可以和孩子一起玩。在玩的过程中，起到潜移默化的影响作用。

10. 一起玩儿
王金艳

科学区的两个小朋友用磁铁相互敲着玩，发出了"叮叮叮"的声音。一起玩的另一个小朋友用磁铁在桌子上拼拼搭搭，桌面上还散乱地摆放着很多其他区域的玩具。这时，有别的小朋友被声音吸引了，走到我身边说："老师，我也想到科学区，敲一敲磁铁。"我牵着她的手来到科学区问："我们能一起玩儿吗？"敲击磁铁的两个小朋友立刻把磁铁递给我，我试着轻轻地敲了敲，摇了摇头说："要是乐器的声音就好听了，磁铁还能怎么样玩儿呢？"那个拼拼搭搭的小朋友说："还可以拼搭铁路和大桥。"我把磁铁交到了跟我一起来的小朋友手中，就这样他们玩在了一起。

分析与反思

小班幼儿喜欢进行各种各样的探索活动，敲敲打打，乐趣无穷。在他们进行探索的过程中，会根据自己的兴趣进行游戏，如敲击磁铁，他们注意到的是磁铁发出的声音，而不是磁铁的相吸或相斥。又由于小班幼儿的年龄特点和各方面经验不足，玩的时候还会把玩具弄坏，不能按照游戏的玩法进行游戏。

下一步策略

(1)教师要接纳幼儿在探索过程中出现的一切行为，容忍幼儿因为探究而弄脏、弄乱，甚至破坏物品的行为，引导他们活动后做好收拾整理。

(2)幼儿在活动的时候，教师要观察他们使用材料的情况和对活动的兴趣，发现问题时，及时以同伴的身份适时地加入他们的活动中，鼓励和引导幼儿正确游戏。

(3)多为幼儿选择一些能操作、多变化、多功能的玩具材料，如不同形状的磁铁、废旧材料，鼓励幼儿在保证安全的前提下，动手操作。

11. 一点意思也没有

朱 宁

吃过早饭，孩子们陆续地来到活动区自主游戏，我也在益智区陪孩子一起玩。突然发现瞳瞳还坐在饭桌旁，小手托着腮，一副很无聊的样子。我走过去问："瞳瞳，你怎么不玩？"她看了我一眼，什么也没说，然后走到科学区拿了一筐玩具摆弄着。我到娃娃家去做客的时候看到，瞳瞳依然一副很无聊的样子在摆弄着科学玩具，于是我又走过去问她："瞳瞳，这个玩具很好玩的，你愿意和我一起玩吗？"瞳瞳说："我才不要玩呢，这些玩具我都玩过了，一点意思也没有。"

分析与反思

一般来说，幼儿对新鲜的事物感兴趣，并且会好奇地摆弄物品。案例中，瞳瞳对科学玩具不感兴趣有可能是因为她已经玩过这个玩具，或者不会玩，不知道从何处下手，也可能是辅助材料过少。

下一步策略

(1)及时添加或者更换科学区材料，为幼儿提供一些有趣的、可操作、多变化的探究材料，激发其好奇心和探究积极性。

(2)和幼儿共同探索材料的多种玩法。

12. 比一比谁快

朱 宁

早饭过后孩子们都自主选择活动区，几个男孩子来到了科学区，他们把在不同轨道滑行的玩具摆到桌子上，每个人拿了一辆小车在三种不同的轨道上进行滑行比赛，有光滑的轨道，有用毛巾铺成的轨道，还有用气泡塑料铺成的轨道，他们看到我都很兴奋地对我说："老师，快来看啊！"当他们演示完要送回去的时候，我走到他们面前对他们说："那你们的比赛结果是什么？谁的小车滑得最快？"于是他们又进行了一次比赛。圆圆对我说："老师我发现这个小车在光滑的轨道上滑下来得最快。"骏骏和天天也点了点头，很认同圆圆的说法。

分析与反思

小班幼儿在探索中一般通过直观的"看"、触觉的"摸"来感知轨道的不同特性，并且小班幼儿具有好奇心，在游戏中愿意尝试与体验，从而发现玩具的特性。案例中的这些幼儿被玩具所吸引，不只是为了观看小汽车滑行，而是因为教师把滑行速度的问题抛向他们，引发他们的兴趣，使得他们乐于通过实际操作获得结果。

下一步策略

(1)鼓励幼儿用多种感官感知轨道的特性，并在感兴趣的基础上游戏，在游戏中探索小车在不同的轨道上滑行的速度。

(2)成人要善于发现和保护幼儿的好奇心，引导幼儿通过观察、比较、操作、实验等方法，学会发现问题、分析问题和解决问题。

第二节 中班科学区活动案例及分析

一、种植饲养篇

1. 没有记录的小蝌蚪

刘凌云

春天来了，班里的自然角又增添了许多内容。有的小朋友带来了各种种植的种子，有的小朋友带来了观赏的花卉，还有的小朋友带来了小金鱼、小蝌蚪和小乌龟。小朋友们对自然角非常感兴趣，经常在过渡环节的时间到自然角驻足观望，流连忘返，"快看，小蝌蚪大大的头、短短的尾巴，真好玩儿。""我知道青蛙就是由小蝌蚪变出来的。"孩子们你一言我一语，小蝌蚪成了他们的最爱。

过了几天，孩子们欣喜地发现小蝌蚪长出了后腿，于是我请孩子们说一说小蝌蚪的变化，孩子们说得津津有味。我顺势说："把你们发现小蝌蚪的变化画在记录本上吧。"孩子们点了点头。

接下来的几天，孩子们观察小蝌蚪的兴趣依旧，但是看了看记录本还是空白，没有人画出小蝌蚪的变化。

分析与反思

自然角的创设就是激发和支持幼儿的观察，引发幼儿进行更多的探究和发现，引导幼儿学会观察、学会记录，引发更深入细致地观察探究，从而使他们在自然角中获得更多的发现。自然角新投放的小蝌蚪又是春天特有的一种小动物，幼儿较少能够看得见，所以非常喜爱小蝌蚪，尤其发现它的变化后更是兴奋不已。中班的幼儿对事物的认识是直接、简单、表面化的。有的幼儿因为绘画技能受到局限不会记录；有的虽然喜欢观察，但是缺乏连续观察的能力，没有重点和目的性，所以也不会记录。

下一步策略

幼儿对小蝌蚪生长的变化有浓厚的兴趣，教师可以适宜地引导幼儿学会观察的方法，并且与幼儿一起绘画进行记录，帮助幼儿建立初步观察记录的意识。

教师根据幼儿的观察记录情况，可以采取多样化的形式，保持幼儿活动的兴趣，提高幼儿对事物观察结果的能力。如运用图片记录的方法，教师和幼儿可以一起收集小蝌蚪生长变化的图片，当小蝌蚪长出后腿的时候就贴出对应的图片，还可以采用图画、图片、文字等形式对观察对象进行记录。当幼儿有了记录的内容后及时地帮助他与同伴进行交流与分享，借助同伴资源吸引更多的幼儿参与记录。所以，教师应该顺应幼儿的特点，用合适的方法调动幼儿观察记录的兴趣。

2. 看不懂的观察记录

刘凌云

开学初，孩子们带来了各种各样的种植物：黄豆、绿豆、大蒜、土豆、小辣椒等，我们一起在自然角开辟了"种植园地"。孩子们每天浇水照顾，看看自己的，再看看别人的，突然有一天，孩子们欣喜地发现种子发芽了，孩子们照顾得越来越细心，小苗也越长越高。"怎样才能让小朋友看到自己种子生长的变化呢?"孩子们又掀起了记录的高潮，带来了各式各样的记录本开始记录自己种子的生长变化，有图画的、有线条的……记录的内容五花八门，形形色色。"老师，他们记录的是什么?""老师，他们画得怎么乱七八糟的?""我怎么看不懂呀?"

分析与反思

中班幼儿虽然有一定的绘画基础，但是开始对符号产生兴趣。每个幼儿记录的方法不同，他们会按照自己的想法和意愿，用自己的图画和符号记录自己眼中植物的生长变化。

下一步策略

(1)在记录的过程中教师要尊重孩子，接纳每个孩子的不一样，让孩子按照自己的意愿记录植物生长的过程。

(2)引导幼儿用绘画的方式有重点的记录种植物的生长过程，并将其记录的内容与同伴进行交流。

(3)记录可以以小组形式开展，简笔画、记录表，逐渐过渡到个人记录。

3. 我的种子没有长出来

刘　蕊(大)

春天到了，班中每个孩子和家长一同将种好的小种子带到幼儿园自然角，由孩子自己照顾。有的孩子每天都会去观看自己的小种子有没有发芽，给小种子浇浇水。有的孩子不仅给自己的小植物浇水，还照顾其他的小种子。当发现自己的小种子发芽时，非常兴奋地与老师和同伴分享自己的成果。孩子们不仅只关注自己的小种子生长变化，当发现其他小朋友的种子发芽了的时候，也会很欣喜地与同伴分享……与此同时，我发现乐乐刚开始还会去看看，浇浇水，过了几天后便不再去看自己的小种子了。当我问他原因的时候，他告诉我:"我的种子没有长出来，是不是已经死了?"

分析与反思

案例中的乐乐和其他幼儿一样，对自己种植的小种子非常感兴趣，也充满了期待，每天都会去为小种子浇水。由于长时间以来一直没能发现自己的小种子有任何变化，便对此失去信心和兴趣。幼儿的坚持性和耐心是相对有限的，在长时间的期待中却得不到所期望的结果，导致幼儿丧失了继续观察的兴趣和继续探究的愿望。

下一步策略

(1)教师可以提前与幼儿一同收集相关资料，通过资料了解种子生长过程中的关键要素，学习照顾小种子的方法。为幼儿选择在短期间内就可以冒出小芽的种子种植，保护幼儿的好奇心，让幼儿在此过程中体验到成就感，激发幼儿的探究兴趣。

(2)还可以将种子种在透明的瓶子中，用透明的营养土壤种植；或者选择吸水性比较好的纸巾填充物塞满透明的瓶子，将种子贴着瓶子壁放置。这样使幼儿可以直观地观察到种子在泥土下的生长变化，激发幼儿探索的愿望。

4. 被冷落的植物
刘　蕊（大）

老师在自然角新添置了一些漂亮的绿色植物，其中有的已经开了漂亮的花朵。希望能以此来激发孩子们对植物的喜爱和关注。第一天很多小朋友刚一来到幼儿园就发现了自然角的变化，纷纷围过来讨论，有的说："我喜欢开花的植物。"有的说："我喜欢这棵，因为它的叶子最大。"可是孩子们对新植物的关注只持续了三天，在第四天的时候就没有小朋友去关注它们了，偶尔会有孩子"路过"自然角看一眼，便走开了。老师也尝试引导幼儿寻找这几棵植物有什么区别，希望以此来激发幼儿继续观察植物的兴趣，但最终还是以失败告终，没有小朋友愿意去观察，更不要说让他们把自己的发现画出来了。

分析与反思

在此案例中，教师只为幼儿提供了静态的、可观察的植物，在此其中并没有能够让幼儿可操作、可探索的环节。因为操作性不强，导致幼儿对单纯的观察不感兴趣。此年龄段的幼儿能对不同的现象或事物进行观察比较，发现其相同与不同。在《幼儿园教育指导纲要(试行)》中明确指出，4～5岁的幼儿主要是通过感知觉及各种操作活动认识周围世界的，他们对事物的操作感知活动是其积累认知经验的重要方式。教师在设计内容时，可以抓住幼儿的学习特点进行环境及材料的投放。

下一步策略

(1)投放两份相同的植物或种子，分别摆放在不同的位置，引导幼儿观察它们生长过程中的不同。(如将绿豆分别放置在水中、土中、空气中,鼓励幼儿观察三者的不同变化;或将两盆植物分别放置在有阳光处和阴暗处,引导幼儿观察植物生长的不同等)

(2)可以利用植物的特性(向光性、向水性)自制观察器,使幼儿在观察和发现的过程中了解植物的特性。

5. 真没意思
董世英

自然角里新添置了许多昆虫标本,原以为孩子们会很感兴趣,可没想到的是只有几个小朋友去看。于是我留心观察,一天早饭后,多多和可欣去区域活动,他们来到观察角,多多看着昆虫标本对可欣说:"你看这是什么虫子?怎么长成这样?这个是长的、这个是圆的,这个有翅膀,这是怎么回事啊?""不知道,要不我们问问老师吧。"他们跑过来问我这些都是什么虫子?我简单地给他们解释了一遍,不过显然他们并不是很感兴趣,看了一会儿,多多问可欣:"你还看吗?没意思。""那走吧。"于是两人跑到表演区玩去了。

分析与反思

中班幼儿具体形象性的思维,需要具体的活动情景与活动形式。幼儿需要操作与探索的学习方式,需要提供丰富的探索环境。幼儿的学习活动大都建立在操作物体的主动性活动基础之上。操作活动及探索活动是一种比较适宜的活动、学习方式。而观察昆虫标本只能看不能摸,又没有什么变化,无法感知,又不能去操作,使孩子失去了与之亲近的机会。

下一步策略

从孩子们的兴趣点入手,我组织了科学活动"有趣的昆虫"。活动前,准备了有关昆虫的视频,各种昆虫的图片、标本和仿真模型等。活动中反复观察讨论,孩子们了解到各类昆虫不同的习性与共同的特点等。

再将介绍昆虫的图片、图书等收集在一起,供幼儿观察对比各种昆虫的特征。也可结合教学活动,让幼儿学会区分害虫和益虫,并知道要保护益虫。通过活动,进一步激发孩子们对周围事物观察的欲望。

6. 让孩子们喜爱上种植蔬菜

董世英

饲养小动物活动对孩子们来说是最感兴趣的事了，孩子们总能主动地从自然角找来一片菜叶儿、一根胡萝卜喂小兔子。而在种植区，刚开始孩子们对种菜兴趣很浓，还主动带来白菜、萝卜的种子，种在种植角，满心期待长出各种蔬菜来。但一天、两天过去了，没有动静，有的孩子就急着去翻土看，没完没了地给种子浇水，恐怕种子喝不饱水长不出来。不时地问我："老师，菜怎么还不长出来呀？"我劝他们耐心等待。可是渐渐地我发现孩子驻足观看少了。

分析与反思

中班的幼儿在饲养小动物方面已积累了一定的生活经验，因此，他们会主动积极地去照顾小兔子。会积极地运用感官去探索、了解自己感兴趣的事物。

然而这个年龄段的幼儿观察缺乏持久性，容易转移注意的对象。他们虽然对新鲜事物很感兴趣，但是他们的坚持性、耐性有限。当他们期望的结果久久没有出现时，他们的兴趣也在渐渐减弱。

下一步策略

(1)教师要善于捕捉幼儿的兴趣和需要，作出价值判断，从而把教育目标寓于幼儿的兴趣之中，物化在环境之中。如从幼儿喜欢种植的兴趣点入手，以蔬菜为载体，与孩子一起种植蔬菜，既满足孩子的种植需要，又让孩子在种植管理过程中感知蔬菜的培育过程、生长变化、生长条件等，获得各种有益的经验和体验，增进全面了解。从种植开始，到每种蔬菜的成长，教师引导孩子们不断地观察、比较、发现、探索。

(2)问题的抛出：如怎么区别哪儿种的是什么菜？怎么知道谁浇了水，谁发现了变化？怎么知道蔬菜长高了，谁比谁高？为什么下层的黄豆都歪着挤向外面？……然后，又及时地给予相应的支持，在老师的这些挑战性的问题和任务的引领下，孩子们一步步地与环境和材料互动，并从中获得许多有益的经验。

(3)老师关注孩子，适时地牵引，以让活动有意义地进行下去。幼儿很喜欢做事，观察新鲜事物，但没有坚持性，即使是他们很感兴趣的事物，关注的热情也不久，要培养孩子将这种兴趣保持下去，并从中获得我们所期望的预期教育目标，需要老师倾注大量的精力去关注，牵引孩子重新点燃兴趣之火。

（4）老师积极参与带动孩子们持续地观察与发现。并努力将教育目标物化在环境与材料中，使幼儿在与环境的相互作用中主动获得发展。

7. 不变样的小芽儿

常美娟

家长为班里提供了新种子，我和孩子们一起给小种子选择了不一样的"家"。每天，孩子们为小种子浇水、施肥……兴高采烈地观察小种子长出芽儿了没有，一个个都期待着想看看这些新朋友会长成什么样子。直到有一天，小种子们都陆续发芽儿了，孩子们都表现得特别兴奋，把小芽儿长出来的样子绘画在了记录本上，可是随着小芽儿的生长，它只长高，却没有外形变化，孩子们的观察兴趣就没有那么大了，常常会问老师："小芽儿为什么只长高，却没变样呢？"对小芽儿的关注就没有以前那么多了……

分析与反思

幼儿总是对新奇的事物充满探索欲和求知欲，这也是为什么小种子刚刚生长时，幼儿们都非常感兴趣的原因。但随着小种子发芽后，它会有一段较慢的生长期，看似没有生长，出芽的大小没有太大变化，只是杆越来越长，因为出芽的小种子生长变慢，也使得孩子们的探索兴趣逐渐减少，对种子的关注越来越少。

下一步策略

（1）教师可在这个种子发芽后，在旁边再种上另外一种种子，便于幼儿观察，进一步激发观察兴趣。

（2）当两个种子发芽不同，长出的苗也不同时，就便于幼儿进一步观察两个种子长芽的不同，进行分析和比较，从而再一次激发幼儿观察、探索的兴趣，对植物的生长变化有了更加直观的感知经验。

8. 可爱的小蜗牛

常美娟

雨过天晴的午饭后，我和孩子们在操场上慢悠悠地散步。突然，一个孩子手里拿着一只蜗牛，大声地对老师说："老师，我发现一只蜗牛！"其他孩子们听了，纷纷围拢在他身边问："哪儿找到的？给我看看！"一个个都对着蜗牛看得目不转睛。这个孩子忙说："我在小树丛里发现的！"于是孩子们都纷纷奔向了操场四边的小树丛，然后惊喜地发现小树叶旁爬着很多的小蜗牛，它们爬过的地方还会留下一个个浅浅的、黏黏的印记。孩子们特别高兴，都争先恐后从小树叶上拿起小蜗牛，看着它们伸出两个小犄角，晃来晃去，可爱极了。当他们把捡到的蜗牛带回班里的时候，他们对小蜗牛充满了好奇，不知道它吃什么？睡在哪儿？听说小蜗牛喜欢去旅行，不知道它们喜欢去哪儿旅行……总之，对蜗牛充满了好奇。

分析与反思

这个年龄段的幼儿都非常喜欢饲养各种小动物，如小蜗牛，甚至小蚂蚁，都是他们想饲养、观察、探究的对象。面对伸出两只小犄角、缓慢爬行的可爱小蜗牛，强烈地激发了幼儿的饲养欲望，他们喜欢观察它的身体变化，想喂它吃各种食物，但却不知道怎么饲养，不知道小蜗牛到底吃什么。

下一步策略

(1)找合适的器皿，带领幼儿饲养小蜗牛。

(2)收集小蜗牛的各种习性资料，比如它喜湿还是喜干？它喜欢在软软的地方睡还是硬硬的地方睡？它喜欢吃新鲜的树叶还是干干的树叶？通过不断收集资料，探索尝试，逐渐感知小蜗牛的生长习性变化，解答自己的疑惑，获得有益的饲养经验。

9. 绿毛小乌龟

常美娟

班里的小乌龟每天都安安静静地在"家"里睡觉，但是只要有人去碰它的时候，它都会冲着人在缸里使劲地爬呀爬，好像要爬出来跟你玩儿似的。有一天，琦琦跑过来跟我说，小乌龟变样了，变成绿毛龟了。我跟着她走到龟缸前，惊讶地发现：原本褐色的小乌龟身上，真的长出了一层绿绿的像毛一样的东西，果真像一只绿毛龟了。其他孩子也都纷纷来看这只"绿毛龟"，都十分好奇这只小乌龟为什么会长出绿毛，是不是小乌龟生病了？还是它长大了？琦琦还大胆地去摸了一下小乌龟的脑袋，然后惊奇地发现脑袋上没有绿毛，但是都不知道背上的这些绿毛到底是怎么长出来的？会不会伤害小乌龟？

分析与反思

孩子们对任何新奇事物都充满了好奇心和求知欲，对于本来褐色但突然长出绿毛的小乌龟都充满了探索欲。经过收集资料，我们了解到小乌龟身上长绿毛，是由于长时间太阳光照射，并且没有经常换水造成的，如果不想要绿毛，可以用牙刷轻轻给刷掉。

下一步策略

(1)给小乌龟洗洗澡，把它身上的绿毛清理掉，让它变得干净，避免招致病菌。

(2)勤给龟缸换水，保持龟缸的干净、卫生，避免龟缸的污染。

(3)在给小乌龟晒太阳的时候，时间不宜过长，晒一会儿就放回到无阳光的区域，避免长时间暴晒，再使小乌龟长绿毛。

10. 我的小豆芽长高了

杜　荣

过渡时间孩子们来到了自然角，有的幼儿给自己的小植物浇浇水，有的喂喂小鱼，萱萱突然说："老师，我的小豆芽长高了。"我问她："你怎么知道它长高了？"萱萱说："我是用眼睛看出来的。"我问："你怎么能够让同伴也发现你的小豆芽长高了呢？"她说："我可以让他们每天都过来看一看我的小植物。"我说："我们怎么能够把小豆芽的成长变化分享给更多的人看呢？"她说："可以画一画，记录下来。"这个时候我出示了为幼儿准备过的记录单，引导幼儿如何操作进行记录。萱萱马上去拿了一支笔将小豆芽记忆中的样子和现在成长的样子画在了记录单上。我又问她："你猜一猜，你的小豆芽种在水里长得快还是土里长得快呢？"萱萱说："应该是水里，因为它喝了很多的水就长得快了。"我又出示了另一张有猜测和验证的记录单引发幼儿的系列活动。

分析与反思

幼儿主动大胆地探索自然界中的事物。喜欢照顾与爱护动植物，但是孩子通过目测不能够准确地说出小豆芽长高了多少，引导幼儿通过绘画做记录的方式去感受小豆芽的成长变化，初步让幼儿学会观察与统计。为了引起幼儿更多的探索欲望与好奇心，教师请幼儿猜想小豆芽在不同的成长环境下会有什么不同的成长变化，促进幼儿新实验的开展，可以同时种下两个小豆芽，一个在土里，一个在水里，每天做好实验的观察记录，发展幼儿的探究能力。

下一步策略

(1)为幼儿提供适合幼儿记录的统计表，供幼儿做好记录并阶段性地进行对比，感知植物的成长变化。提供两种植物的成长环境，供幼儿探索与发现。

(2)投放测量的工具，幼儿可以利用工具进行自然测量或者非自然测量，感知植物的成长。

（3）与幼儿共同做种植实验，比一比谁的植物成长得更快。在种植过程中，引导幼儿感知不同环境下植物成长的速度不同。

11. 自然角的蒜长得快
曹伟红

娇娇、彤彤和辰辰围在自然角观察，彤彤说："快看，咱们种的大蒜剪过后又长出来了，真高呀！"娇娇接着说："对呀，种植园里的蒜却长得很慢，这是为什么呢？"辰辰大声地说："我知道，种植园的大蒜没有天天浇水，自然角的大蒜我们天天都浇水。"彤彤说："不对，不对，是因为天气冷了，操场冷，大蒜长得慢，教室里暖和，所以大蒜长得快。"

分析与反思

《指南》中明确指出，中班幼儿喜欢接触新事物，经常问一些与新事物有关的问题。能感知和发现动植物的生长变化及其基本条件。孩子们对于植物的观察认真而又仔细，总是不断地发现着各种现象。孩子对这些问题会有一定的了解和认识，教师要及时地让孩子们自己发现交流，自己解决问题，这样孩子的能力才能不断得提高。

下一步策略

（1）经常带幼儿接触大自然，激发幼儿的好奇心与探究欲望。为幼儿提供一些有趣的探究工具，用自己的好奇心和探究积极性感染和带动幼儿。

（2）有意识地引导幼儿观察周围事物，支持幼儿自发的观察活动，对其发现表现赞赏。

（3）鼓励和引导幼儿做简单的计划和记录，并与他人交流分享。

12. 记录单和小植物不一样
关思璐

我们班在科学区投放一些豆子、泥土及花盆，供孩子进行种植并观察。孩子喜欢参与从种豆子开始的每个环节，每天都会主动地去自然角仔细观察。整个活动中孩子们都和好朋友为一组，进行观察并用记录单进行记录。一天，大宝走进自然角，将他的观察记录到记录单上，当时他的豆子已经钻出了绿色的小苗苗，可是大宝在他的记录单子里画上了一个小干枝模样的图画，并没有画小苗苗，我当时就问他："你看到豆子发生了什么变化？"他说："豆子钻出了小叶子。""是啊，你明明看到了小豆有叶子钻了出来，可是你们的记录单子上怎么没有叶子啊？"我好奇地问。他有些不解地看着我。

分析与反思

幼儿初期学习记录的时候，可能会存在抓不住记录重点的问题，由于幼儿没能完全理解"记录"这件事情的意义及需要记录的内容，所以会发现记录的内容与实际内容存在差异。中班幼儿年龄特点是具体形象思维，但手部的小肌肉发展还有待提高，所以，要使幼儿能够将看到的和画下来的内容完全一致还存在很大的难度。

下一步策略

(1)在与幼儿讨论的过程中，引导幼儿领悟重点记录的内容，再进行观察、记录的活动。

(2)幼儿记录以前，引导幼儿对所要记录的内容进行观察、比较与发现，并引导幼儿有针对性地进行记录。

(3)记录的形式可以多样化，比如表格式、粘贴式、选择式、绘画式等，根据记录的内容不同，形式有所区别，要符合幼儿现阶段的发展特点。

13. 记录植物变化过程
杜婷婷

新学期初，孩子们带来了不同种类的植物，早上把植物给老师的时候兴高采烈地跟老师介绍自己的植物，老师把它们整理好放到了自然角里。做了观察记录表，并在过渡环节介绍了所有植物的名称和特点。每次过渡环节时，孩子们都惦记着自己的植物，三三两两地围过去看看、摸摸、记录着。久而久之，突然发现幼儿记录的结果差不多都比较相似，自然角也变得冷清多了。

分析与反思

自然角是幼儿园的一个活动区角，中班幼儿观察能力提高，对事物的兴趣度增加，他们既然能主动来到自然角观察植物的变化，教师就要激发和支持幼儿的观察，引发幼儿进行更多的探究和发现。我们还要对自然角里的植物进行有序地呈现，从而来凸显观察重点，引导幼儿有目的、有顺序地进行观察，对幼儿不断地提出一系列的有效问题，来引发幼儿更深入细致地观察探究，从而使他们在自然角中获得更多的发现，并让幼儿尝试记录。

下一步策略

自然角里的植物摆放大多很随意。教师常常只是从审美的角度出发加以组合来呈现各种植物。虽然摆放的错落有致，但其教育价值主要体现在环境优美上，很少考虑其在幼儿观察探究方面的教育价值。因此，教师应该根据实际情况、季节特征等进行有序地呈现，有所侧重地组织幼儿进行观察，有对比地放在一起，让幼儿可以直观地看出每个植物的特点与不同，引导幼儿有顺序地观察每一株植物，从而更有效地了解每一种植物的生长特征。

14. 小乌龟冬眠了

曹伟红

清晨，婷婷和小轩在给自然角的小花浇水，突然小轩大声地叫起来："哎呀，乌龟怎么不动了，是不是死了?"还不停地用手摸小乌龟。婷婷看了看说："不对，小乌龟没有死，它要冬眠了。"小轩紧跟着问："什么是冬眠?""妈妈跟我讲，冬天时小乌龟要冬眠，睡上整个冬天。它现在不动了，可能是要冬眠了。"小轩忙问："小乌龟怎么冬眠啊?"婷婷说："要把乌龟埋在沙堆中，可是我们这里没有沙子啊，怎么办?"小轩说："我们可以到操场上的沙坑里把沙土挖来了。"说着两个朋友就准备挖沙的工具去了。

分析与反思

两个幼儿的对话，看似平常，仔细分析会发现这两个幼儿都对自然角很感兴趣，喜欢关注自然角里动植物的变化。婷婷是个聪明的、知识面广的孩子，语言中就能发现妈妈很注意孩子自然科学知识方面的积累，正是妈妈在这方面做得比较好，所以婷婷对科学方面也是很感兴趣，并很有自信地说出小乌龟在冬天冬眠的现象及小乌龟过冬的方法。《指南》中明确指出，中班幼儿能感知和发现动植物的生长变化及其基本条件，体验季节对动植物和人的影响。

下一步策略

(1)教师平时要多对幼儿进行自然科学方面的教育，多帮助幼儿积累这方面的知识。幼儿对一些自然科学小现象很喜欢，兴趣很高。

(2)支持幼儿在接触自然、生活事物和现象中积累有益的直接经验和感性认识。

(3)引导幼儿关注和思考动植物的外部特征、习性与生活环境对动植物生存的意义。

15. 我们的植物喝多了水

薛敏瑶

我们班的自然角里新增了很多种植物，明明特别喜欢，每次在过渡环节的时候，都拿着小喷壶给植物浇水，可是时间久了植物角里的花有的发黑了，有的枯萎了，有的小叶子低下了头……明明看到花朵都变样了，非常伤心，但却不知道问题出在哪里。明明觉得是自己的水还是浇得不够多，小花朵才都枯萎了。又一周过去了，明明发现小花朵还是没有改善，反而枯萎的更严重了，明明还是不知道问题出现在哪里，但也不敢再给小花朵浇水了。

分析与反思

明明喜欢在自然角中照顾小植物，他觉得植物能开花特别漂亮，但由于不懂得照顾，不够了解植物，不能照顾好植物。在《指南》中的目标中有一项是"幼儿能对事物或现象进行观察比较，发现其相同与不同"。通过幼儿给植物浇水这一环节中教师也可引导幼儿多多进行观察。

下一步策略

(1)教师可以在每一盆植物上插上小标签。来告诉幼儿这盆植物是喜阳还是喜阴，要多浇水还是少浇水，让幼儿了解植物的种植方法。

(2)教师还可以给幼儿分小组来照顾植物，鼓励幼儿更好地照顾植物。

16. 我会观察不同的变化

张 辉

我问孩子们："现在是什么季节？这个季节有什么变化？"孩子们齐声说："春天。"有的说："雪融化了。"有的说："小树小草都发芽了。"我提议说："不久前你们自己种了小种子，有的种在土里，有的泡在水里。现在就让咱们一起去看看这些种子都有哪些变化。"我和孩子们一同来到了自然角，有的孩子看了说："老师，我的小苗发芽了。"有的说："我的小辣椒也发芽了，我喜欢我的植物。"还有的说："老师，我水泡的豆子也发芽了。""我的小芽的叶子是圆圆的、嫩嫩的，真好看。"突然彭彭看到旁边的植物说："老师，为什么这个植物的叶子是尖尖的呢？它是怎么长的？为什么和其他的植物不一样呢？"他的问题把我难住了，我一时也不知道该如何回答。

分析与反思

幼儿对于自己种植的小植物非常感兴趣，也喜欢观察、比较。《指南》中指出：4～5岁的幼儿能对事物或现象进行观察比较，发现其相同与不同。这个年龄段的幼儿也喜欢接触新鲜的事物，对新鲜事物感兴趣，经常问一些与新事物有关的问题，很容易被新事物所吸引。

下一步策略

(1)对于幼儿的提出问题老师回答不出来时，首先要肯定幼儿爱动脑筋喜欢提问题，然后引导幼儿可以通过书籍或其他途径寻找答案。也可以和其他小朋友来比赛，看谁先找到答案，激发幼儿主动学习探索的兴趣。

(2)在自然角中为幼儿提供具有探究性的观察。(如颜色水会不会使植物变色？小植物会从那个洞钻出来？)

(3)可以让幼儿根据植物的特性，将生长在不同地方的植物进行比较，使其在观察和发现的过程中了解植物的特性，提高幼儿活动兴趣。

二、科学实验篇

1. 我们的沙漏

刘　蕊（大）

科学区中投放了用各种材料制作的沙漏，有细沙的、绿豆的、小米的、糖豆的、面粉的、水的……刚刚投放进去的前三天，孩子们非常感兴趣，轮流拿起来摆弄。有的孩子摇晃着沙漏听声音；有的孩子把沙漏倒过来看它流下来的样子；有的孩子发现糖豆的沙漏流到一半不动了，于是用手去捏塑料瓶子，帮助糖豆继续流下去；还有的孩子用力摇晃帮助不流动的水作的沙漏流动。孩子们玩得不亦乐乎，都舍不得放下。可第四天就发现有的孩子只是拿起来摇一摇就放在一边了，甚至有的孩子再也没去玩过这些沙漏。

分析与反思

案例中幼儿的表现充分表明了此年龄段的幼儿思维的主要特点是以具体形象性思维为主，对新鲜事物感兴趣，有好奇心和求知欲。但仅仅是简单地摆弄，没有具体探究内容，幼儿很容易失去探究的乐趣，也丧失继续探究的愿望。此时如果教师没能及时抓住教育契机激发幼儿发现问题，或给予相应的探究内容促使幼儿继续探究，幼儿很容易放掉手中的操作材料，寻找其他的新鲜事物，就不能激发幼儿的探究愿望。

下一步策略

教师可提供"沙漏冠军"的记录牌，激发幼儿针对不同材料的沙漏流动的速度进行大胆猜想，从操作中观察和比较之间的差异，并初步尝试记录自己的实验结果。

2. 我想把核桃打开

刘　蕊（大）

在我们班的自然角中投放了一些坚果，供孩子们可以近距离地观察发现这些自然物的不同之处。今天早饭后，岳岳来到了自然角观看这些坚果，他先是左看看、右看看，然后拿起一个松子捏了捏，对旁边的小朋友说："我吃过这个。"然后又拿起一个榛子，捏了捏，尝试用牙咬了一下，对老师说："这个榛子特别硬，我用牙都咬不动。怎么能把它打开呀？"老师对他说："你这个问题提得很不错，到底怎么能打开它呢？咱们来想想办法。"我若有所思地看着他。只见他把榛子放在两手之间用力挤，发现无济于事，紧接着他又使劲将榛子重重地摔在地上，还是没有摔开。随后他又找来了一个塑料玩具，用力地砸桌子上的榛子……可是不论用什么办法，都没有将榛子打开。

分析与反思

此案例中，岳岳发现了榛子的壳硬硬的，这种特殊的表皮特征激发了他的好奇心，他想探究榛子里面的样子。在这种自主性探究的支撑下，他开始尝试各种能打开榛子的壳的办法。中班幼儿在活动中能够发现问题，愿意尝试并解决问题的意识开始萌芽。但是这个年龄段的幼儿在探究的过程中屡屡遭受失败的情况下，容易放弃继续探究的愿望，丧失继续探究的信心。

下一步策略

（1）幼儿遇到自己感兴趣的问题，表现出想要继续探究的愿望时，首先教师要肯定他这种敢想敢做的精神。这样对幼儿爱思考表示赞许，能帮助他树立继续探究的信心。

（2）可请幼儿将自己发现的问题或遇到的困难分享给其他小朋友，利用同伴资源尝试探索解决困难的办法。

（3）老师可以适当的提供2～3个解决的办法，如用锤子一类的工具砸开，或者用干果夹开等，由幼儿选择，鼓励他继续尝试。

3. 风扇不转了，我不想玩了

杜　荣

活动区游戏开始了，科学区新投放了不同的电路玩具和磁铁玩具，灏灏拿起了电路玩具，按照步骤图将所有的材料都摆在了桌子上，一个一个地尝试，努力让风扇转动起来，可是尝试了几次也没有成功，他开始翻阅步骤图想找到一个简单的操作进行尝试，最终还是没有成功让风扇转动。他就将电路玩具扔在了一边选择别的游戏材料，还没有摆弄几下看到航航在玩磁铁玩具——啄木鸟捉虫子的游戏，自己也被吸引过去跟着一起玩了起来。这时候航航说："你去玩你自己的。"灏灏说："我的风扇转动不了，我不想玩了。"航航说："那你就把你不玩的收好了再玩别的。"灏灏把电路玩具收好了以后，和航航一起玩起了啄木鸟捉虫子的磁铁玩具。

分析与反思

中班幼儿的好奇心和求知欲比较强，对新的事物喜欢探索。孩子们需要从亲身体验、动手操作去获得感知。在此案例中，幼儿参与游戏并没有持久性，遇见困难的时候容易放弃，不会找老师或同伴寻求帮助。缺乏解决问题的能力，通过尝试不能够成功让风扇转动就开始选择别的活动。材料更换次数频繁，不能专注地进行探索活动，幼儿没有发展初步的探究能力，探索的欲望并不是很强，体验探究的过程较短。而且可能不会主动将电路玩具收回再去选择其他活动，没有形成良好的活动规范意识。

下一步策略

(1)引导幼儿在选择区域材料的时候有良好的活动规范意识，将不玩的材料收回再去选择另一种。

(2)在游戏的过程中，教师应及时地以游戏者的身份参与到活动中，与幼儿一起完成让风扇转动起来的小实验，让幼儿感受成功的快乐，提升自信心与初步的探究能力。

(3)经常与幼儿共同讨论，鼓励幼儿专注做事，有始有终，遇到问题能尝试解决。

(4)在区域评价的时候，让幼儿分享活动的经验，在能力强的幼儿的带动下，相互学习，幼儿可以根据别人的游戏经验尝试操作。

(5)考虑游戏材料的难易程度是不是适合不同幼儿当前的发展，可以提供难度层次不一样的材料供幼儿探索。

4. 好听的声音
曹伟红

然然和小雨在科学区游戏。然然一手扶着量杯，一手拿着小木棍在量杯中搅动。无意中小木棒碰到小量杯，发出了清脆的声音。随后，他又敲了敲小量杯，惊讶地说："我的小木棍敲敲小量杯的声音真好听！小雨，你听！"小雨凑过来，然然又用小木棍敲了敲量杯。小雨也觉得有趣，和然然一起敲起来，还把玩具柜中的其他量杯都放到了跟前，逐一敲了起来，科学区传来了一阵叮叮咚咚悦耳的声音。接着，然然和小雨开始用小棍敲不同的东西——水龙头、小木柜、大纸箱、水果盆、塑料盆，还有塑料桶。然然边敲边兴奋地说："纸箱的声音咚咚咚，小木柜的声音嗵嗵嗵，小量杯的声音叮叮叮。"小雨拍着手说："哇！它们好像都在唱歌！"

分析与反思
《指南》中明确指出，中班幼儿喜欢接触新事物，经常问一些与新事物有关的问题。然然和小雨有着积极的学习态度：对声音那么感兴趣！就像一个小科学家，充满好奇心和探究精神，敢于在教室的不同地方探究，发现各种各样的声音。

下一步策略
(1)为幼儿提供一些有趣的探究工具，用教师的好奇心和探究积极性感染和带动幼儿，放一些乐器到班上，让幼儿观察、操作，试一试每种乐器是怎么发出声音的，听一听它们的声音有什么不同。

(2)通过有关声音小常识、小游戏的书籍，让幼儿的游戏活动更丰富、有趣。

(3)继续探究好听声音的秘密，制作简单的乐器，演奏出更好听的音乐。

5. 鸡蛋浮起来了
曹伟红

科学区里，几个孩子将鸡蛋、木珠、小木块、核桃壳、泡沫块、树叶等一起放进水盆里玩"沉与浮"的游戏。兰兰发现这些物品中只有鸡蛋是沉在水底的，她问小伙伴："用什么办法能使鸡蛋浮起来呢？""我知道！我知道！"强强一边说一边将手伸到水底，将鸡蛋放于手指的位置，然后用四个手指向上一拨，鸡蛋瞬间跳出水面，但落水后又沉到了水底。"不是这样的，我想让鸡蛋像积木那样浮起来。"兰兰说道。"我来，我来。"浩浩挤到前面，将手中的木块放在水面上，又从水底捞出鸡蛋，并将鸡蛋放在木块上。"这样鸡蛋不就浮起来了吗？"他露出了得意的笑容。兰兰不屑地说："鸡蛋是趴在木块上浮起来的，又不是自己浮起来的。"强强拍了一下脑袋好像想起来什么，说："那天，我和妈妈查资料，往水里加盐，鸡蛋就能浮起来。""真的吗？"几个孩子围着他，对他的这个答案很感兴趣。"那我们试试吧。"兰兰舀了一小勺盐放进水盆里。"鸡蛋没有浮起来。怎么回事？"她有点心急。"可能需要搅一搅，等盐化掉就可以了。"浩浩用手在水中搅了搅。他们一边继续往水里加盐一边用力搅动着。搅动过后，水面静止下来了。兰兰发现鸡蛋不再贴着盆底，而是升起来一点点。孩子们兴奋地大叫起来："鸡蛋浮起来了！鸡蛋浮起来了！"

分析与反思

《指南》强调"支持和鼓励幼儿在探究的过程中积极动手动脑，寻找答案或解决问题"，"引导幼儿在探究中思考，尝试进行简单地推理和分析，发现事物之间明显的关联"。中班幼儿对周围的事物有着好奇心和探索欲望，他们能和同伴在游戏中探究出现的问题，并尝试通过一定的方法解决问题。在让"鸡蛋浮起来"的过程中，孩子们自主观察、发现、操作、讨论、验证，建构了水中加盐能让鸡蛋浮起来的现象，与同伴体验着发现的快乐。

下一步策略

教师可为幼儿提供记录单，使幼儿边操作边记录"添加几勺盐，可以使鸡蛋浮起来？"增加科学实验的严谨性，同时使幼儿在实验过程中感知"添加的盐量"与"鸡蛋浮起来"之间的关系。

6. 毛毛虫吸不出来了

种　迪

科学区中投放了"啄木鸟捉虫"的玩具，很受孩子们的喜欢。安安和阿泰商量好一起来玩这个玩具。只见他俩将毛毛虫逐个放进树洞里，放好以后，阿泰将沙漏倒立过来，两人拿着磁铁棒开始捉毛毛虫了。他们将吸出来的毛毛虫放在自己的收纳盒中。忽然，安安用磁铁棒不停地向某一个洞里戳，一边戳一边嘟囔："怎么吸不出来呀？"阿泰也停下了手里的动作，过来帮助安安一起吸洞里面的毛毛虫。但是无论怎样捅都没能成功。于是他们来向老师求助："老师，这只毛毛虫吸不出来了。"老师问："为什么吸不出来呀？"安安说："不知道谁把毛毛虫使劲按在洞里面了。"老师并没有直接帮忙，而是把问题抛给孩子们："那怎么办呀?"两个孩子想了想,阿泰灵机一动,将大树横在桌子上,洞口朝下用力地捶打大树干,但毛毛虫依旧没有出来,两个孩子很沮丧。

分析与反思

安安和阿泰在游戏中能够发现问题,但解决问题的经验还不是很丰富,没想到借助工具来解决问题的方法。《指南》的科学领域中有这样一段话:幼儿的科学学习是在探究具体事物和解决实际问题中,尝试发现事物间的异同和联系的过程。在解决实际生活问题的过程中,获得丰富的感性经验。

下一步策略

(1)将问题抛给其他幼儿,激励幼儿在解决实际问题的过程中丰富经验。

(2)教师组织集体谈话,"为什么毛毛虫会吸不出来?""怎样避免再次发生?"

(3)借助科学绘本《小燕子和它的朋友》一书中,啄木鸟捉虫的方法来丰富幼儿的经验,可以思考到用镊子等工具来解决困难的办法。

7. 相吸还是相斥

李思阳

日常生活中发现幼儿对磁铁很感兴趣,于是教师在科学区提供了磁铁的实验让幼儿探索。"老师,你看我的这个磁铁有两个颜色!"在科学区第一个发现磁铁的辰辰兴奋地拿着磁铁给我看。"因为为了让磁铁好看!"姣姣一边玩儿着拼插玩具一遍说。老师说:"是吗? 你回去试验一下,看看会发生什么现象?"辰辰若有所思地将磁铁拿回去放在桌子上,又拿起一块一样的磁铁将两块磁铁颜色相同的叠在一起。"老师,磁铁坏了,它们不能吸到一起!"这句话将姣姣吸引过来,两个人将磁铁颜色调换了一个方向,不同颜色的磁铁两端迅速吸在了一起。姣姣说:"为什么磁铁有的时候能吸起来? 有的时候吸不起来呢?"

分析与反思

此案例中的辰辰能够发现磁铁的两端分为两种颜色,但并不能理解颜色的用意。姣姣也无法解释磁铁时而能吸时而相斥的现象。《指南》中告诉我们"4～5岁的幼儿能对事物或现象进行观察比较,发现其相同与不同。能根据观察结果提出问题,并大胆猜测答案"。中班幼儿主要是通过感知及各种操作认识周围世界。此时他们对事物的操作感知活动是其积累认知经验的重要方式,这些经验获得将是幼儿今后进一步理解周围事物及相互关系的基础。

下一步策略

试验中教师可放入实验记录表，引导幼儿将其猜想画入表中，再将实验后的结果画入表中，将多次(或多人)的实验结果进行统计。以此方法鼓励幼儿大胆猜想，帮助幼儿积累实验经验。

8. 越搭越高的纸牌

李思阳

今天活动区的时候，悠悠来到了科学区选择了纸牌搭建的游戏，这是她第二次操作该材料。上次的游戏中，她已经能够正确操作这个材料。这次悠悠对搭楼房的高度进行了进一步的操作探究。悠悠先从牌筐里找出一排长边对折的牌作为楼房的第一层。"老师你看，我搭出了一排小房子。"悠悠兴奋地拉我去看她的小成果。"你搭得真不错，但是想一想怎么才能搭出更高的建筑呢?"悠悠尝试着拿出了几张平牌小心翼翼地放在了对折牌的上面。"我搭出第二层啦。"悠悠兴奋地拍着小手。"继续搭，看看能搭多高呢?"于是悠悠又拿出了几张对折牌放在了平牌的上面，可是放到最后一个的时候悠悠发现有些不稳，"你看，他们在晃，为什么呢?"我说。悠悠想了想就将下面的平牌小心地整理了一下。可是搭到第三层的时候还是塌了。悠悠叹了口气，又开始从第一排搭建。这次她搭到了第五层时两边的牌总是掉下去。悠悠皱着小眉头："我不要两边的牌了。"于是将两边的牌拿了下去，又搭了一层后楼房彻底塌了。"怎么又塌了?"她嘟着小嘴，将纸牌收好放了回去。

分析与反思

悠悠能够在失败以后还继续尝试纸牌搭建的游戏，说明她对这个游戏很感兴趣。但最终没能承受住多次的失败，而以五层的成绩告终，并好像对此游戏失去了信心。《指南》中指出，教师要重视幼儿的学习品质，帮助幼儿逐步养成积极主动、认真专注、不怕困难、敢于探究和尝试、乐于想象和创造等良好学习品质。

下一步策略

(1)为幼儿提供"计划表"，引导幼儿根据自己的能力设定计划，如我今天要搭建五层。有一个目标的设定，使幼儿能够实现自己的目标，体验到成功，促使幼儿继续挑战。

(2)在环境中呈现"我是纸牌搭建小冠军"的通告牌，激发幼儿的挑战欲望。

(3)教师可以引导幼儿思考除了折牌和平牌相互穿插的搭建方法外，还可以用哪些搭建楼房方法，并将幼儿尝试的成功结果展示在墙面环境中。

(4)针对悠悠这种探究操作能力较强的幼儿，还可以投放一些成品照片，请他们自己观察、探究这些楼房时如何搭建出来的，从而尝试自己用不同的方法来搭建。

9. 神奇的纸

杜婷婷

在科学区中提供了各种各样的纸和一盆水，为了引导孩子探究不同质地的纸的吸水性。但我发现孩子们有的折纸，有的把纸放在盆里转圈圈，放进盆里的纸湿了一张又一张，桌子上地上都是水。而且孩子们玩了一会儿，对纸就是去了兴趣，开始用小杯子玩起了水。我发现这个现象后问了孩子们一个问题："不同的纸放在水里结果会是怎样的呢?"孩子们异口同声地回答："纸就会变湿了。"还有的孩子说："纸会烂掉。""纸就变软了。"我继续提示："你们试一试，这些纸放在水里都会变湿变软吗? 都会烂掉吗?"有的孩子肯定地说："是的!"有的孩子含糊着说："不是吧?"还有的孩子摇摇头表示不知道。但是没有孩子主动去探究这个问题的结果，而是继续刚才的玩水游戏。

分析与反思

幼儿喜欢操作新鲜的玩具和材料，但枯燥的摆弄容易使幼儿失去兴趣。就像上述案例中，教师只提供了纸和水，但幼儿并没有发现其中的奥秘，没有继续探究的愿望，所以很快便失去了兴趣。《指南》中说道：成人要善于发现和保护幼儿的好奇心，充分利用自然和实际生活机会，引导幼儿通过观察、比较、操作、实验等方法，学会发现问题、分析问题和解决问题；帮助幼儿不断积累经验，并运用于新的学习活动，形成受益终身的学习态度和能力。

下一步策略

(1)在提供材料以前，应在集体活动中引导幼儿观察、比较不同质地的纸之间的区别，并提出可操作、可探索的问题，使幼儿在区域中能够发现问题、分析问题和解决问题。

(2)鼓励幼儿大胆猜想，主动发现问题，促进同伴间互相探究的愿望。

10. 我不会，不想玩了

关思璐

教师为幼儿投放了很多的科学玩具。一天，活动区时间到了，优优犹豫很久，看着科学区中的大悦在玩电路游戏，看起来很有趣的样子，优优也很想加入游戏。他在一旁看着大悦一会儿将小灯连接亮了，一会儿又见风扇转动起来……大悦说一边看着说明书，一边聚精会神地连接出一个个看似很复杂的电路，优优觉得太有意思了，他也想试试，于是走过去问大悦："可以让我一起玩吗？"大悦点头同意，并把手里的电路玩具推给了优优。只见优优拿起电路线，对着开关连接了起来，又将开关对着灯泡连接起来。可是他发现小灯泡不亮。于是将小灯泡换成了风扇，可是风扇也不转动。然后他很沮丧地告诉老师说："我不会，我不想玩了。"说完，将玩具放在小筐中，去挑选其他玩具玩了。

分析与反思

上述案例中的优优由于没有掌握电路连接的要点，所以没能顺利将实验成功完成，于是受到了挫折，便失去了继续探索的愿望。中班幼儿坚持性在逐步发展，独立思考和解决问题的能力方面也在逐渐提升。但需要在成人的鼓励和指导下才会形成相对稳定的持久性和抗挫折意识。

下一步策略

(1)教师应了解幼儿失去信心的原因，并帮助其克服困难，获得成功的体验。

(2)可以引导幼儿观察说明书中的步骤，学会电路连接的要点，从而帮助幼儿获得成功，增强自信心。

11. 纸片吸不起来

薛敏瑶

在区域活动时，东东在科学区做静电实验。他先拿起塑料棒在皮毛上蹭了蹭，然后用塑料棒贴近旁边的碎纸片。但纸片一动没动，他又将塑料棒向下移动了一些，离纸片更近了，但纸片依旧没动，他干脆把塑料棒放在纸片上，想粘起纸片。但当他拿起塑料棒的时候，纸片仍旧留在桌子上，一片也没能被吸起来。他又拿起皮毛摩擦塑料棒，这次比前一次摩擦的时间长了一些。然后放下皮毛，再次将塑料棒贴近纸片，再贴近，再近一些……终于，有 3 片小纸片立了起来，但当他将塑料棒抬高时，小纸片又趴回到桌子上去了。有了前两次的经验，这次东东摩擦的时间更长了，也更用力了。他自信满满地将塑料棒贴近纸片，但是无论距离纸片多么近，纸片依旧只是站立一下，便又回到桌面上去了。东东叹了口气说："纸片吸不起来呀。"

分析与反思

《指南》科学领域目标指出"幼儿能根据观察结果提出问题，并大胆猜测答案"。在幼儿遇到困难时，教师不急于介入，要给予幼儿一些时间试着思考、解决。同时，教师要从态度上给予幼儿支持和鼓励，为幼儿建立自信。

下一步策略

(1)可以请东东将自己遇到的问题与同伴分享，同伴利用自己的经验来帮助他解决问题。

(2)和幼儿通过网络或书籍寻找问题的答案，丰富幼儿的学习方法和途径。

(3)在环境中提供探索环境"塑料棒和谁摩擦能够产生静电？"并提供多种材料（如皮毛、布、毛巾、塑料袋、纸等）供幼儿探索并记录、总结。

12. 灯泡怎么才能亮

张 辉

活动区游戏时，毛毛端着零散的电路组装玩具筐放到了桌子上开始玩。他拿起了电池、电路和灯泡摆弄着看了看，然后开始将灯泡和电池的一端利用电路连接了起来，连成了一条线。可他发现灯泡没有亮。于是又换了灯泡的另一端重新与电池连接起来，看了看，灯泡还是没有亮。这时，他又把电池拆了下来，重新安装上去，发现灯泡依旧没有亮。毛毛皱着眉头，嘴里嘟囔着："都连好了，灯泡怎么不亮呢？"他将电路翻过来翻过去，反复地查看，依旧没能发现问题出在哪。于是，便收回了玩具，换了一个陀螺玩具在桌面上玩了起来。

分析与反思

中班幼儿对新鲜事物感兴趣，喜欢操作摆弄。但电路玩具对于此年龄段幼儿来说不容易理解。《指南》中提出："幼儿科学学习的核心是激发探究兴趣，体验探究过程，发展初步的探究能力。成人要善于发现和保护幼儿的好奇心，充分利用自然和实际生活机会，引导幼儿通过观察、比较、操作、实验等方法，学习发现问题、分析问题和解决问题；帮助幼儿不断积累经验，并运用与新的学习活动，形成受益终身的学习态度和能力。"

下一步策略

(1)在材料投放以前，教师可以先组织集体活动，激发全体幼儿的探究兴趣，利用同伴资源，尝试电路连接的方法，使灯泡亮起来。

(2)将电路组装玩具投放到区域中，同时提供电路连接的步骤图，起到提示作用。

(3)可为幼儿创设"我是电路工程师"的环境，激发幼儿创造更多使小灯泡亮起来的连接方法。

13. 我能捉到空气了
张　辉

科学区中，小朋友们三三两两地在一起商量着游戏内容，只有琦琦不知道要玩什么。我建议她说："玩找空气的游戏好不好？"琦琦高兴地说："好啊好啊！可怎么找空气呀？"我问她："哪里有空气啊？可以用什么装空气？看科学区有什么材料是可以装空气的？"于是琦琦在我的启发下，开始搜索科学区的玩具材料，找来找去，她选择用塑料袋去捉空气。她拿着塑料袋捉空气，然后抓住袋子口，但袋子总是瘪瘪的，她就有点不高兴了，撅着小嘴说："我捉不到空气，我不想玩了。"于是琦琦就对着小朋友们说："谁来帮帮我呀，我总是捉不到空气！"潇潇经过这里，看了看说："你没有捏紧袋子口，捏紧了试试。"听完潇潇的建议，琦琦又去试了试，这次她使了很大的力气，只见一股风过，她快速地用袋子兜住又快速捏紧了袋子口，终于使塑料袋鼓起来了，她开心地笑了……

分析与反思

空气是无色无味透明的，在我们的生活中，处处都有空气的存在。但是对于中班的幼儿来说，他们缺少对空气的了解与认识，不知道空气怎么获得。需要增加这方面的常识认知。作为教师，我们应该激发幼儿的探索欲望，鼓励幼儿大胆尝试。就像《指南》中提到的："支持幼儿在接触自然、生活事物和现象中积累经验和感性认识。"

下一步策略

(1)幼儿通过收集有关空气的资料，与同伴互相分享，丰富幼儿对空气的认知。

(2)丰富探索空气的玩具、材料，如气球、塑料袋等。激发幼儿进一步探索与空气相关的内容。

(3)激发对不同事物的探究兴趣，鼓励幼儿大胆动手实验。

14. 好玩的磁铁

张　辉

科学区新投放了各种形状的磁铁玩具，孩子们都非常感兴趣，喜欢拿着磁铁吸不同的物品。丁丁也很喜欢拿着磁铁去吸物品，她一开始拿着一块长方形磁铁吸走了几个小磁铁粒，然后她又拿起 U 形磁铁吸走了几个曲别针，后来就听她自言自语地问："到底哪块磁铁吸的东西更多呢?"说完她就一手拿一块，朝小筐里使劲地吸，结果看到长方形磁铁的两头都被吸满了磁铁粒和曲别针，而 U 形磁贴的两头却没有多少磁铁粒和曲别针，然后她就想："两块磁铁加起来是不是吸得更多呀?"于是她就拿起两块磁铁，想把它们放在一起吸，可当她把长方形磁铁蓝色的这头对准 U 形磁铁蓝色这头的时候，却发现它们根本吸不到一起，好像有什么东西在挡着似的，怎么都吸不到一块，后来她又换了一头，把长方形磁铁红色这头对准 U 形磁铁红色这头，还是吸不到一起，这是为什么呢?

分析与反思

《指南》中提出，成人要善于发现和保护幼儿的好奇心，认真对待幼儿的问题，多引导他们猜一猜、想一想，多为幼儿选择一些能操作、多变化、多功能的玩具材料或废旧材料，从而提高游戏兴趣。上述案例，就正好反映出幼儿在实际玩游戏中对操作材料由兴趣引发动手操作，由不断地动手动脑，引发出对磁铁的深层探究。

下一步策略

(1)根据幼儿发现的问题，引出对磁铁两极性常识的感知，通过多种活动，丰富幼儿的感知经验，能够进一步探究跟磁铁相关的其他内容。

(2)随时关注幼儿游戏水平，及时更换或者提高游戏或事情的难度，使幼儿具有挑战性，为幼儿提供一些有创造性的材料，如"跳舞的小人""走迷宫"等。

15. 我的影子会变

薛敏瑶

随着孩子们在科学区游戏中的探索，我发现孩子们对影子的变化很感兴趣，我也对我们班的玩具进行调整，给孩子们提供了手电和镂空的图片，让幼儿探索在不同条件下影子的变化，孩子们对这个游戏非常感兴趣。有一天，豪豪在探索这些材料，他把手电筒移动来移动去，并发现影子有了变化，他觉得特别有趣，边玩边和旁边的壮壮说："你看，我的影子会变。"壮壮看了一下，也过来和豪豪一起观察能变化的影子。他们把手电筒向前移动，向后移动，向左移动，向右移动……就这样重复着移动的动作，一边玩着一边笑着。这时，老师过来问他们："为什么影子会变呢？"豪豪说："因为手电筒动了，所以影子就会变了。"老师又追问："影子是怎么变的呢？"他俩你看看我，我看看你，不知道该怎样回答。

分析与反思

《指南》中指出"能根据观察结果提出问题，并大胆猜测答案"。豪豪和壮壮对影子游戏非常感兴趣，也发现了影子是会变的，但是没能主动提出问题，也没能大胆猜测问题的答案。因为幼儿对于影子的观察经验不足，不能够很大胆地猜测影子变化的规律。

下一步策略

（1）教师可以在游戏前，先让幼儿观察和发现在生活中哪些地方有影子，在什么情况下有影子，幼儿观察后可以进行游戏和讨论。教师也可以通过一些小游戏如"踩影子"和"手影游戏"等，和孩子们一起探讨影子的变化。

（2）可以设计"影子变化"的记录表，引导幼儿有目的地对光源、物体和影子之间的关系进行更加细致的观察，并进行记录，丰富幼儿的认知经验。

16. 自制喷水枪

刘　蕊（大）

科学区中投放了空水瓶、吸管等材料和一张"自制喷水枪"的图片。月月早就对这个自制活动感兴趣了，今天他很快吃完早饭，径直来到了科学区，先拿起图片看了看，然后到玩具柜中去寻找材料。他先找到一个空水瓶，然后取来两根吸管，坐在桌子旁边准备开始制作了。他先将瓶子中接了一半的水，然后拿起吸管从瓶子口放了进去，紧接着把其中一根吸管对着嘴向里面吹气，出现了水中冒气泡的现象，但很显然，这并不是他的预期效果。然后他换了另外一根吸管继续向里面吹气，可结果和刚才一样。他自言自语地说："唉？怎么总是冒泡，不喷水呢？"他有些失望。

分析与反思

描述中的月月对自制喷水枪感兴趣，由于缺乏已知经验，而且没有仔细观察图片中的制作方法，导致未能成功完成制作。

下一步策略

(1)教师利用集体活动与幼儿一同自制喷水枪，激发幼儿思考喷水枪能喷水的原因。

(2)在区域中，引导幼儿学会看步骤图，并按照步骤进行制作。

第三节　大班科学区活动案例及分析

一、种植饲养篇

1. 爱观察　爱记录

王艳霞

4月份，我们班的孩子们自己带来种子，种植了许多的植物。有的是花，有的是小麦苗，还有的是小西红柿，等等。每天孩子们都不会忘记浇水，晒不着太阳了就挪一挪花盆。在孩子们的精心照顾下，有的植物长出了小芽，有的还没有变化。看到这一系列的变化，孩子们可高兴了，整天围在自然角周围叽叽喳喳："我的种子发芽了、我的种子长叶子了，我种的小苗长高了。"并记录在了他们的记录本上，有的用绘画方式，有的用符号方式，各不相同，但是都能够描述出来。可是好景不长，过了一段时间，孩子们不再去观察植物的变化了，有的植物因为缺水都蔫了，记录本的记录也停止了。

分析与反思

大班幼儿喜欢挑战性的活动，他们对植物的生长变化有了初步的了解，喜欢参加种植活动，但是做事缺乏坚持性，经常会有半途而废的现象。我们引导幼儿通过多种途径体验探究过程，并将其记录下来，将枯燥的记录变成有趣味的活动。

下一步策略

(1)猜想记录：请幼儿猜想一下，谁的种子先发芽。每个幼儿将自己的猜想结果绘画下来，每天都会去精心照顾自己的小种子，希望自己猜想是正确的。让记录变得有趣，坚持记录。

(2)过程记录：种下种子，就要精心呵护，过程中请幼儿记录自己照顾小种子的过程，探究浇水、晒太阳、通风等特点，了解植物成长的变化过程。种子发芽了，利用工具进行测量，比较植物的高度，交流种植的小窍门。

(3)交流记录。幼儿之间交流记录的过程，教师对幼儿的记录加以肯定，鼓励记录有方法的幼儿，让记录更加有新意，使幼儿爱上记录。

2. 不听话的小乌龟
王艳霞

乐乐和几个小朋友正在自然角观察小乌龟。只见他们在一起交头接耳："快看，快看，又爬上来了，又爬上来了！"这时小乌龟往右边爬，右边的孩子把它放回水里。小乌龟往左边爬，左边的孩子把它放回水里。接下来小乌龟不断地往上爬，都被孩子送回水里。他们奇怪地问我："老师，小乌龟总是往上爬，离开水它会死掉的，真是把我们急坏了。"没等我回答，他们干脆用手将小乌龟往水里压，不让小乌龟上岸，怕小乌龟离开水会死。

分析与反思

从观察幼儿的表现来看，可能有两种情况。一种是幼儿觉得乌龟好玩，享受着把乌龟送回水里的过程。幼儿并不是在玩乌龟，听到他们在边看边议论着："乌龟上来了，离开水了，快把它放回去。"另一种是幼儿对于乌龟生活习性不太了解，不知道乌龟属于两栖动物，不用长时间生活在水里。他们是担心乌龟离开水会死掉。应该让幼儿了解随着天气变暖，乌龟是需要爬出水面去晒太阳的。

下一步策略

(1)找答案。教师将发现的问题利用区域讲评的机会，与班级的幼儿们一起讨论："乌龟为什么总要爬出水面，离开水乌龟就不能活吗？"请幼儿通过图书、电脑或询问爸爸妈妈等多种渠道去找寻答案。

(2)生成主题活动。教师可以就问题生成本班的主题活动，了解乌龟的生活习性与特征。例如：怎样照顾乌龟？乌龟爱吃什么？乌龟冬眠吗？周末谁来照顾小乌龟？通过一系列的活动，引导幼儿了解乌龟的更多知识。使幼儿从小养成关心动物、关心周围事物的好品质。

3. 花儿快快长大
王艳霞

水池边，只见小雅从筐里取出小喷壶给浩浩，自己也拿了一个小喷壶。她对旁边的浩浩说："可以接水了。"两个小朋友接满水来到自然角一起给自然角的花浇水。小雅一边浇水一边自言自语地对花儿说着话："小花，你们都渴了吧。来，喝点儿水吧，这样就可以长得快了。"她对浩浩说："浩浩，你看我的小花多好看呀，它们比前几天长得高了些，我要用尺子量一量高了多少？"正说着，她发现浩浩根本就没听她说话，只顾着浇水，水都从花盆底下流出来了，他还在不停地浇呢。小雅阻止他，着急地说："你听见了没有，你怎么浇这么多水呀，你看都流地上了。"浩浩说："我的花没有你的花长得高，我多给它们喝点水，就可以长得高啦！"

分析与反思

近期教师从观察幼儿浇花的角度去分析，在照顾植物的时候往往会出现两种情况。一种是长期的忘记浇水；另一种是浇过多的水。幼儿从本质上了解植物"喝水"的原理，知道植物的成长离不开水，可是这些植物每天需要浇多少水？怎样浇？很显然幼儿是不知道的。幼儿虽然已经了解了关注植物生长变化的简单知识。但是，如何去关爱、怎样做就是最好地照顾植物成长，幼儿还是不太清楚的。

下一步策略

(1)猜想法：利用区域小结评价的机会，猜想浇水多的和浇水少的植物，会有什么不一样？并请幼儿去寻找植物需要浇多少水合适的相关知识。

(2)对比实验法：通过两盆植物的长期对比观察，运用记录的方法，使幼儿了解植物几天喝一次水？一次喝多少水合适？通过实验，发现两盘花成长的不同，幼儿自己总结出具体的浇水量。

(3)养成好习惯：知道植物是靠根部吸水、茎部输送水分的，了解植物喝水的秘密。幼儿间相互分享，获得经验，教师引导幼儿养成自觉主动多喝水的生活习惯。

4. 小乌龟不高兴了

王艳霞

区域活动刚刚开始，就听见超超突然大声喊："小乌龟不动了，都没有水了，你们怎么都不管呀？"听到喊声有几名幼儿围拢过来，大家七嘴八舌地议论着："哎呀，真的，小乌龟一点儿水都没有了。""该谁照顾小乌龟了，也不给小乌龟换水？"超超又接着说："到处都是脏兮兮的、也没有人喂乌龟吃的，它一定饿坏了吧。"这时婷婷走过来回答说："是我照顾小乌龟的，它已经喝过水了，它可以不吃东西也没事的。"超超说："喝过水了，缸里面也要有水，不能干着呀。你看，这有多脏，你收拾收拾呀，小乌龟喜欢干净的地方。你看，它都生气了，一动不动的，心情都不好了。"

分析与反思

小乌龟是最近刚刚被幼儿带到自然角的，大家只知道乌龟离不开水，不吃东西也是可以活的。对于更多的知识就不了解了。班级里虽然饲养了小乌龟，但是大班幼儿的发展水平和认知经验是有差异性的，个别幼儿很少去关注这些问题。对乌龟的生活习惯和习性还需要进一步的了解。

下一步策略

(1)既然饲养了小动物，教师就要有意识地引导所有的幼儿学会观察和照顾小动物，萌发他们从小关爱小动物的情感，促进每一名幼儿的成长。

(2)教师有意识的对目前现象提出问题，请幼儿去积极的思考与探索。如："小乌龟最近心情不太好、不喜欢动了，是为什么呢？""小乌龟为什么会有时在水里、有时离开水选择在石头上""小乌龟为什么不吃东西也能行呢？什么时间可以不吃东西？"等问题，引发幼儿的思考，请幼儿带着问题去寻找答案。让更多的幼儿养成在观察中爱提问、思考中会动脑、在体验中找答案的好习惯，逐渐积累相关的科学知识经验，进一步了解动植物的生存法则。

5. 小金鱼死了以后

王艳霞

"老师、老师、不好了、不好了……"一个急促的声音在我耳边响起，听着像是很着急的样子。我转头看去是桐桐，平时他最不爱说话，今天什么事让他如此着急呢。我忙问："什么事？"他一着急居然有些结巴了："老——老师——咱们班的小金鱼死了。"我和桐桐快步来到了饲养角，许多的小朋友都跟着我们一起跑过来看，小金鱼翻着白肚皮，漂在水面上，嘴巴张着不在动了。小朋友们七嘴八舌地议论着。"小金鱼是周六、周日休息的时候没人喂，饿死了？""我昨天看到东东给小金鱼喂了好多的鱼食呢，可能是撑死了吧！""我看到东东昨天在鱼缸旁边一劲地敲，可能是把小鱼吓死了吧！""是不是没有暖气了，小金鱼冻死了呢？"……到底是怎么死的呢？小朋友们很是关心这个问题，开始对小金鱼的生活习性进行查阅，对饲养小金鱼有了新的认识。

分析与反思

大班幼儿逻辑思维能力开始萌芽，喜欢探究事物的变化规律，能察觉动物的习性与生存的适应关系。对发生的事情能尝试简单地推理和分析，能发现事物之间明显的关联。对于小金鱼的死，幼儿能够联想前后所发生的事情进行推理，判断小金鱼的死因。从而树立从小关心动物、了解动物的习性、爱护小生命的意识。

下一步策略

(1)了解生活习性。查阅资料了解小金鱼的生活习性，了解喂养小金鱼的知识，介绍给其他小朋友们。例如：当水中的氧气不足时，小金鱼会死；喂小金鱼的食物多了，小金鱼会都吃了，它不知道饱，会被撑死；根据鱼缸的大小，不要放太多条鱼等。引起幼儿对小金鱼的关注，经常观察小金鱼的变化，如有异常及时处理。

(2)责任意识：幼儿可以分组对小金鱼进行照顾，科学喂养。遇上周六、周日的时候可以请幼儿带回家照顾，周一再带来。从小养成愿意为集体做事的责任意识。

6. 给植物浇水

关杰明

每天早晨来园，小朋友们都会给自己带来的小植物浇水。小朋友们也从家里带来了很多浇水用的工具，如矿泉水瓶、易拉罐、奶瓶、浇水壶等。每个小朋友都用自己喜欢的方式给小植物浇水，今天也不例外，就在孩子们浇水的时候，琪琪哭了起来，我连忙走了过去问："怎么了，琪琪？""老师，我的小苗倒了！"我低头一看，原来琪琪使用矿泉水瓶给小苗浇水的时候，水流太冲，把小苗压倒了。就在这时，乐乐安慰琪琪说："你别哭了，昨天我的小苗也倒了，但是今天我看它又站起来了!"原来乐乐也是用矿泉水瓶为小苗浇水。但是，操作台上专门为小苗浇水的浇水壶却没人选择使用。

分析与反思

矿泉水瓶随处可见，瓶口较小，便于幼儿手拿，灌水时不容易洒水或弄湿衣服。而且，矿泉水瓶材质透明，能看清浇水量，所以幼儿喜欢用矿泉水瓶为植物浇水。相反，浇水壶身较浅，盛水容量小，需要多次灌水，一不小心取放还会洒水，所以幼儿不喜欢使用浇水壶。

下一步策略

(1)发现问题以后不要急于帮助幼儿解决，要让幼儿了解小苗被冲倒的原因，可以让幼儿之间相互解决。

(2)用多种浇水工具尝试，如塑料水杯、易拉罐、酸奶盒等，引导幼儿观察比较各种工具的优劣，体验浇水器的好处。

(3)利用废旧材料自制浇花器或浇水器，增强幼儿对新鲜事物的兴趣。

7. 有趣的蚯蚓
孙　宁

在一次雨后的户外活动中，孩子们兴致勃勃地在操场上做游戏，有的玩滑梯，有的玩皮球，有的骑小车，还有的玩器械。可亮亮却一个人低着头蹲在种植园，还用小手在地上摆弄着什么。我轻轻走到他身后仔细观察，原来在种植园的菜地上有一条蚯蚓正在缓慢地爬动。这时，抬头的亮亮见我在他身后，兴奋地说："老师快瞧，我发现蚯蚓了!"一些还在附近游戏的小朋友听到亮亮的呼声，也相继跑来，大家都很好奇蚯蚓是从哪里爬出来的，还你一言我一语地提出了很多问题："老师，蚯蚓的家在哪里?""蚯蚓怎么长得像小蛇一样?""蚯蚓有嘴巴吗?""蚯蚓吃什么呀，咱们能养它吗?"

分析与反思

生活中大多数孩子都很喜欢小动物，但对蚯蚓却不太了解。孩子们有的能说出蚯蚓的名称，但观察不细致，不能准确地用口语表达其外形特征，更不了解蚯蚓有"再生能力"。大班孩子思维活跃，想象力丰富，对事物充满好奇，小小的蚯蚓极大地激发了他们的探究热情。

下一步策略

(1)可以根据幼儿对蚯蚓提出的问题和想了解蚯蚓的兴趣，引导幼儿通过书籍、询问等多种途径，寻找、收集资料或图片。并在分享活动中，让幼儿初步认识和了解蚯蚓的外形特征、生活习性、作用等。

（2）将蚯蚓带回班级自然角，同时教师为幼儿提供盆、软硬不同的泥土、尺子、镊子、放大镜、记录表等工具或材料，关注幼儿观察、照顾蚯蚓的过程及新的发现，鼓励幼儿探索和解决新的问题，懂得保护小蚯蚓。

8. 萝卜宝宝发芽记

张佳宝

经过大家的协商，孩子们决定在自然角水泡萝卜，并制作小本记录萝卜宝宝的成长情况。小朋友纷纷带来白萝卜、红萝卜及各种盛放萝卜的器皿，有酸奶盒、玻璃杯、饮料瓶、小盒等。刚开始，大家的确每天都在过渡环节时，给萝卜宝宝换水、观察发芽情况，并以绘画的形式进行记录。可是时间一长，孩子们的积极性大不如前，对萝卜宝宝也疏于照顾了。有一天，雯雯、欣怡、彤彤等几个小朋友跟我说："老师，咱们的萝卜都干死了！""有的萝卜都臭了！""小本上记录的萝卜宝宝怎么都长一个样啊？"

分析与反思

种植形式单一，记录方式枯燥，时间一长幼儿得不到新的体验，关注力减弱。而且，萝卜每天的成长缓慢、变化不大，记录的内容没有明显区别，所以幼儿不感兴趣。

下一步策略

（1）引导和启发幼儿尝试多种培养方式，如水培、土栽种植。而土栽又可以分为泥土、沙土、营养土等，为幼儿提供多种种植的途径和形式，让幼儿在多种观察中进行比较。

（2）和幼儿一起讨论怎样照顾萝卜，如土栽多长时间浇一次水？水培多长时间换一次水？阳光是否充足，怕不怕晒？并定期和幼儿一起分享萝卜宝宝的成长记录，让记录表或记录本不再是摆设。

（3）还可以提供一些萝卜种子，如樱桃小萝卜，让幼儿在播种—照顾—收获中获得新的期待与体验。

9."多肉宝宝"来我班

张佳宝

本学期的自然角我们增加了多肉植物，孩子们很喜欢一株株胖胖、绿绿又肉肉的植物宝宝，每天都要抽出时间去照料。而今天的自然角格外热闹，聚集的小朋友也比以往要多，我正要去看一看，浩钧跑过来着急地说："老师，雯雯一直给植物浇水，不让我们浇。"看见求助的浩钧来找老师，尧尧也紧跟过来："雯雯老浇水，好多水都从花盆里流出来了。"我走近自然角，正想看看究竟时，抱着小水壶的雯雯说："我就是想给植物喝点水，怕它们干了，一不小心倒多了。"

分析与反思

多肉植物在生活中越来越受到喜爱，我们的孩子也不例外。新鲜的小植物引进到自然角，又是孩子们自己挑选带来的，自然想要观察和照顾的积极性会比较高。幼儿不是很了解照顾多肉植物的方法，只知道是植物就要浇水。

下一步策略

(1)引导幼儿收集与多肉植物相关的资料与图片，初步了解一些常见多肉植物的生长环境、栽种条件。

(2)制作多肉植物小卡片。卡片内容可以包含：植物名称、日照时间、所需水分，如用星星、水滴进行标记。这样让幼儿一目了然了解多肉植物的品种，也能知道哪种多肉耐旱、喜光，哪种需要多喝水。

10. 我有问题

张佳宝

琳琳平时一到过渡环节，就去自然角观察、照顾植物和小动物，给它们喂喂食、浇浇水，而且经常一边观察一边提出各种各样的问题："小花盆里的草莓能吃吗？""豆子能直接种在土里吗？""小乌龟咬人吗？""死掉的金鱼为什么都浮起来了？"等等。而这段时间，琳琳却不怎么去自然角了，有时看到其他小朋友聚在那里也只是看看就离开。有一天我问琳琳："最近怎么很少去自然角玩了？"琳琳笑了笑回答："我都知道自然角有什么了，天天去有点没意思了。"

分析与反思

琳琳是个善于发现和爱提问的孩子，教师可能没有及时关注幼儿的问题，幼儿长时间得不到启发或对问题的解答，就会对自然角逐渐失去了探索的欲望。

下一步策略

从大班幼儿年龄特点和兴趣出发，在自然角划分出水生植物、土生植物、动物饲养三个区域，并请幼儿轮流担任各区域的管理员，其中就有琳琳。她在水生植物区负责组织小朋友换水及记录生长情况，然后再把小朋友们的记录贴在自然角里，既调动了积极性，又增加了责任意识。

另外，在自然角设置一块"问题板"，幼儿可以将自己在自然角的新发现或问题贴在上面，教师定期收集并与大家分享，引导幼儿用多种途径寻找答案或解决方法，激发幼儿自主探究的同时又能丰富经验，提高幼儿在自然角的参与性。

11. 鱼缸里的温度计
郭 静

在讨论"我会照顾小鱼"的话题中，小朋友们提出一星期给鱼换一次水。雯雯还提出："换水前自来水需要晾晒，还要保证鱼缸里的温度。"那怎么才能保证温度呢？为此，大家准备了温度计。过渡环节时，孩子们特别喜欢拿温度计测量水温，并跑来告诉老师："鱼缸里的水温已经超过了温度计的长度。"有的幼儿还说："鱼缸水温是 37 摄氏度。"通过观察发现，多数幼儿不会正确使用温度计，不会读取温度计上面的刻度，甚至反着拿，导致水温的记录不准确。

分析与反思

通过上述可以看出：幼儿对照顾小鱼已经具备了一些经验。但对于鱼缸里水温的了解不清楚。由于幼儿接触温度计的机会较少，所以多数幼儿没有使用温度计的经验。温度计的种类多样，幼儿见到的有些温度计和幼儿园的不一样，所以出现了读取和记录有误的现象。

下一步策略

(1)了解不同种类的鱼需要的水温是不同的。

(2)集体教学活动中引导幼儿认识常用的温度计。

(3)在区角中投放温度计，以"温度计使用图示"或同伴学习的形式，帮助不会用温度计的幼儿学习认识温度计。并通过区域游戏尝试使用温度计，尝试正确读出温度，获得直接经验。

(4)家长可结合生活经验，教会幼儿正确使用温度计的方法，并为幼儿提供可操作温度计的机会。

12. 我的新发现

郭　静

小朋友们特别喜欢去班中的自然角观察小植物和小动物，每天都有新发现，每次发现幼儿都喜欢和老师、同伴一起分享。于是，教师决定带领幼儿讨论，在我们班创设"我的新发现"栏目。在活动区结束后的一小段时间请幼儿将自己的发现分享给大家。有的幼儿说："我种的蒜比昨天长高了一点儿。"老师追问："你是怎么发现的？"小朋友说："我昨天看长到尺子的刻度3，今天超过了3。"马上就有幼儿说："咱们班的花开了。"另一位幼儿说："我的黄豆也发芽了，而且长的已经超过4了。"有的幼儿说："我看见小鱼打架呢。"还有的幼儿说："咱们今天喂食了吗？小乌龟饿啦。"小朋友说出自己的新发现都特别兴奋。

分析与反思

幼儿喜欢去自然角，对小植物和小动物特别感兴趣，特别是对自己种的植物会更加关注。乐意与老师、同伴交谈自己的新发现，敢于大胆表达自己的想法。同时，通过幼儿的表达可以看出：大班幼儿具备了初步的连续观察能力。教师为幼儿创设了表达的机会，通过"我的新发现"栏目，促进幼儿同伴间的交流和表达能力的发展，丰富幼儿谈论的话题。

下一步策略

(1)给幼儿提供丰富的材料和工具，支持幼儿种植和照顾动植物。如各种种子、小铲子、小水壶、饲料、尺子、放大镜、器皿、记录表等。

(2)引导幼儿有目的的观察动植物的外部特征、生活习性等，感知生物的生长发育和多样性，如叶片的形状、叶脉、花茎等。

(3)将自己的新发现用观察记录表或用绘画的方式记录下来，激发幼儿连续观察的欲望。并与幼儿一同布置"我的新发现"展板，为幼儿想说、愿意说、喜欢说创设丰富的表达空间。

13. 我的植物发芽了

王坤雨

为了让孩子们进一步亲近大自然，感受、观察植物的生长变化，我们开展了种植活动，孩子们都自己挑选了种子。有的孩子种的是香薄荷，有的孩子种的是茉莉，有的孩子种的是玫瑰，还有的孩子种的是绿豆、大蒜。两个星期左右，大部分孩子的种子都陆续地发芽了，看着长出的嫩芽，孩子们都非常开心。有的幼儿说："快看我的植物发芽啦。"有的幼儿说："我的植物也发芽啦。"还有的幼儿说："我的都已经长高到尺子的刻度33啦。"幼儿看着自己发了芽的种子，兴奋地讨论着，月月却跑到我身边，失落地对我说："老师我的种子还没有发芽!"我对她说："没关系，咱们一起去看看怎么回事。"于是我和她走过去一看，原来花盆中的土结成了土块。

分析与反思

孩子们的种子有的发芽了，有的却没发芽，因为幼儿对植物的生长条件不太熟悉，导致不知道该怎么照顾植物，所以植物没有发芽。

下一步策略

(1)引导幼儿解决问题，帮助她找出种子不发芽的原因。

(2)引导幼儿了解植物发芽、生长的条件，帮助幼儿找出种子不发芽的原因，分析一下是不是与水分、阳光、土的松软有关。

(3)与月月共同种植物种子，了解植物的发芽条件，与她共同照顾，让幼儿重新体会种植的乐趣。

14. 植物宝宝喝水

于 杰

我们班每一位孩子都从家里带来了一盆植物放在自然角，每天他们都要到自然角去照顾自己带来的植物宝宝。今天早晨孩子们都来到自然角给自己带来的植物浇水，这时琪琪却哭了。我走过去问她："怎么了琪琪?"琪琪哭着对我说："老师，我的小花都被淹死了，我看花盆里面全是水! 水都洒到了窗台上!"这时，乐乐也跑过来："老师，是昊昊! 昊昊也给我的小花浇水了，还浇的特别多，都洒出来了!"欣欣也说："怎么办，我的花盆里的水都溢出来了。"就在这个时候，我看到远处的昊昊委屈地低下了头，我走过去，蹲下来问昊昊："怎么回事儿? 为什么要这样做呢?"昊昊小声地说："我，我只想帮他们浇水，但是不知道他们的植物需要浇多少水……"

分析与反思

幼儿对种植活动感兴趣，能自主地为植物浇水，并愿意帮助同伴浇水，表现出孩子们有初步的责任心、爱心，有初步的探索能力。但是，幼儿却不知道不同植物的需水量，这是需要共同解决的问题。

下一步策略

首先，要肯定幼儿能自主照顾自己和他人的植物是有责任心和爱心的行为。然后，带领幼儿组织集体活动，请每个幼儿介绍自己带来的植物的种植方法。在班级内开展"如何能让每一个小朋友都能记住不同植物的需水量"讨论，引导幼儿制作需水量的标识卡，把代表不同水量的标志贴在每个花盆上，方便幼儿操作。其次，可以把幼儿进行分组，每个小组每天由一名幼儿做管理员，根据每盆花的种植方法进行护理。幼儿每天还可以利用过渡时间，记录种植日记，观察每天的植物变化。

这样的分工合作让幼儿体会到主人翁的精神，并在种植的过程中，激发了学习的兴趣。通过观察，幼儿获得了种植的相关知识，同时也增强了责任心和任务意识。

15. 向日葵发芽了

于　杰

今天早晨，孩子们依旧到自然角照顾自己的植物，给自己种下的种子浇水。不一会儿，我发现孩子们都挤在一起对着一个花盆指指点点，并且然然得意扬扬地在和其他小朋友介绍着。老师也好奇地走了过去，然然看到我骄傲地说："老师，您看！我种的向日葵种子发芽啦！"其他孩子们都用羡慕的眼光看着他，婷婷还很失望地说："老师我种的也是向日葵种子，但是就没有发芽。"教师走近一看，然然花盆里长出来的其实并不是向日葵种子的芽，而是一棵普普通通的小草。但是然然却认为它就是向日葵种子的芽，这可怎么办？

分析与反思

大班幼儿喜欢探究事物的变化规律，对于每天细心观察自然角植物变化的幼儿来说，花盆中长出小苗，是件很兴奋的事情。所以他们会对刚长出来的小芽给予很高的期望，以为这就是他们所种的种子在发芽。在这个时候，老师不要打断孩子们的积极性和好奇心，反而应该尊重幼儿的好奇心及自尊心。让幼儿通过自己的认知与观察，发现真相。

下一步策略

(1) 教师和幼儿互动：教师首先鼓励幼儿自己观察种子的变化。由此可以引发出一次认知活动，带领幼儿认识不同种子的发芽特征。

(2) 观察记录：通过认知活动的了解，引导幼儿进行观察、比较，让幼儿自主发现，其实花盆中长出来的并不是向日葵的种子芽，只是一棵小草。这样既保护了幼儿的自尊心、好奇心，又加强了幼儿的观察能力。

16. 我来喂小兔子
郭 静

班里的自然角来了两个新朋友——小兔子，小朋友们特别开心，总喜欢去看它们。早餐结束后，小朋友们就陆续去阳台照看小动物，还拿小菜叶喂小兔子。忽然，一阵争吵声从阳台传来："我来喂，我来喂，该我喂了……"还有的小朋友说："你已经喂了好几次，我还没喂呢!"而笼子里的小兔子，吃了几片菜叶子就不再吃了，显然是吃饱了。所以不一会儿就在笼子的一角堆积很多菜叶，这时姗姗站起来说："看看! 你们这么多人喂小兔子，它该吃撑着了。它要是生病了怎么办?"

分析与反思

从幼儿的表现和交流可以看出，幼儿对照顾小动物特别感兴趣，有一定的责任感，表现出了大班幼儿明显的年龄特点。但饲养小动物的经验较欠缺，对小兔子的生活习性不够了解，不清楚小动物的进食量，它们爱吃什么? 吃多少? 什么时间喂? 等等。大班幼儿应该可以做到分工、合作去照顾小兔子，协商分配任务。

下一步策略

(1)教师和幼儿共同收集有关小兔子的资料，了解小兔子的外形特征和生活习性。

(2)组织幼儿讨论如何饲养小兔子，应该注意的事项有哪些，教师帮助幼儿梳理照顾小兔子的方法。

(3)教师为幼儿提供图画纸和画笔，幼儿分组制订照顾小兔子的计划并分享，为每名幼儿都提供照顾小兔子的机会。将幼儿设计的计划表贴在自然角饲养区，引导幼儿分工合作、按计划照顾小兔子。

(4)可设置自然角管理员，提高幼儿的积极性和责任感。

17. 小乌龟不会动了
孙立娜

今天是周一，小朋友们开开心心地来园了，孩子放好书包后我听到了一个急促的声音："老师，老师您快来看!"依依着急地说。我连忙问依依怎么了？她拉着我的手就往饲养角走，边走边说："咱们班的小乌龟死了!"走到窗台旁的瑞瑞跟我说："缸里的水已经没有了，小乌龟一动不动地躺在里面，背上的壳都干了。"这时，孩子们纷纷围了过来，牛牛疑惑地问："小乌龟怎么死的?"月月猜测地说："是不是渴死的呢?"小朋友们都不知所措地互相张望。

分析与反思

幼儿很喜欢饲养小动物，小乌龟更是他们的最爱。当听到班里要养小乌龟时非常开心，有的幼儿还给小乌龟带来食物，观察小乌龟的变化。但是幼儿并没有饲养小乌龟的经验、方法。

下一步策略

(1)与幼儿共同讨论小乌龟的死因，引导幼儿从日常生活中寻找答案，如饥饿、缺水、生病无人照顾、日晒太强等。

(2)根据猜测的死因情况制订照顾小乌龟的计划，并发动幼儿和家长共同收集资料，分享饲养小乌龟的方法。

18. 植物叶子被碰掉了

张　昊

孩子们把自己带来的植物放到了自然角，植物的种类很多，大家都很关注这些植物，每天过渡环节时间都会去照顾、观赏它们。有一天，伊伊带来一瓶风信子，因为是水培植物，所以风信子放在有水的瓶子里，这一点吸引了很多小朋友，到了过渡环节，大家都来围观伊伊的植物，宁宁好奇地问："伊伊这是什么花? 我的花种在土里，你怎么把它放在水里了?"伊伊回答："我带的花叫风信子，是水培植物，必须放在水里的。"宁宁接着问："那你这个风信子还用浇水吗?"伊伊对着宁宁说："不用的，两三天换一次水就可以了。"话音刚落，伊伊一回头，突然大叫起来："你怎么把我的风信子花瓣碰掉了?"泽泽说："我不是故意的，我就想摸摸它，没想到就掉了。"

分析与反思

自然角植物种类多，每种植物的样子也不同，因此激发了幼儿的观察、探究欲望，但是幼儿不了解植物的习性、特点，在观察过程中又缺少正确的观察方法，因此在观察过程中碰掉了植物的花瓣。

下一步策略

(1)请幼儿先了解自己的植物的生活习性、特点，然后自制植物简介小卡片，卡片内容包括植物名称、植物习性等，最后把自己了解的内容填写到卡片里，贴在花盆壁上，让其他幼儿知道应该怎样保护它。

(2)设计自然角小实验。如，把土豆分别放在水里、土里和空气中，幼儿先猜想哪种环境最适合土豆生长，然后观察并用绘画、符号等方式记录不同环境下土豆的生长过程，最后幼儿通过观察、对比验证猜想。在做小实验的过程中，教师引导幼儿学习用正确的方法观察植物。

19. 小蝌蚪死了

张 昊

轩轩从家里带来几只小蝌蚪放在自然角，希望和小朋友一起观察小蝌蚪变青蛙的过程。小朋友们很兴奋，都围在养殖区观察。皓皓说："小蝌蚪能吃鱼食吗？我家里有鱼食，明天我带一点来。"轩轩说："我也不清楚，小蝌蚪好像吃菜叶子。"莎莎说："它们肯定喜欢吃小馒头。"轩轩继续说："那咱们明天把家里的食物带来，看看蝌蚪到底吃什么？"大家都点点头。第二天小朋友来到班里，特别兴奋地来到养殖区，发现一只蝌蚪死了，莎莎说："一定是没吃东西饿死的。"皓皓说："不对，一天没吃东西，蝌蚪不会饿死的。"轩轩说："那你说会是什么原因呢？"所有小朋友都不知所措地互相看。

分析与反思

幼儿都很愿意观察小蝌蚪变青蛙的过程，但是他们并不知道饲养小蝌蚪的方法。

下一步策略

(1)教师和幼儿一起讨论：为什么小蝌蚪死了？请幼儿尝试找一找答案，并进行交流。

(2)教师带领幼儿阅读饲养小蝌蚪的故事书，从故事中学习饲养小蝌蚪的方法。

(3)请幼儿收集资料，讨论哪些现象代表小蝌蚪喜欢吃哪种食物。

20. 自然角的罕见水果

张 昊

开学初，老师和幼儿一起讨论了自然角里可以有哪些内容。讨论过程中，一名幼儿提到了一种罕见的水果，全班小朋友都对不认识的水果产生了浓厚的兴趣。于是，老师在自然角投放了几种很少有小朋友们认识的水果，让幼儿认识、观察、比较。水果出现在自然角的第一天，就吸引了很多幼儿来观察，小朋友们一边观察一边讨论着，琪琪说："你看这是我带的水果。"欢欢："它叫什么名字？"琪琪："它叫人心果，可甜了。"欢欢转过头对鹏鹏说："你吃过吗？琪琪说可甜了。"鹏鹏咽一下口水说："我还真没吃过，不过我最喜欢吃甜的了。"突然，欢欢大叫："老师，鹏鹏咬了一口人心果。"

分析与反思

自然角投放水果后吸引了很多幼儿来观察，因为他们很少见过这些水果，所以对水果的外形和味道都很好奇，幼儿通过观察讨论，能知道水果的名称、外形特征、颜色等，虽然吃过的小朋友已经告诉大家水果的味道，但是幼儿还是想亲身体验，所以才会出现幼儿吃水果的现象。

下一步策略

幼儿对自己感兴趣的问题总是刨根问底，一探究竟，教师应支持幼儿的探索欲望，满足幼儿的需求。认识水果时，不光要引导幼儿观察水果的外形特征、产地等知识方面的内容，更应该注重引导幼儿亲身体验，让幼儿尝一尝水果的味道，更能加深对水果的认识。

21. 可爱的小蚂蚁
孙义杰

春天来了，天气变暖，气温升高，孩子们参加完早锻炼后在操场上分散游戏，只见一言在蹲在大树下观察着什么，他认真地看了一会儿后便招呼班中的其他小朋友："快来看啊！小蚂蚁在搬运食物呢！"孩子们听了他的话，马上都跑过来蹲在树下仔细看，只见一群小小的、黑黑的蚂蚁排着整齐的队伍，把找到的食物抬着往树下的蚂蚁洞中爬着。孩子们边看边谈论："蚂蚁真了不起，能搬动比它大好多的食物！"岚岚说："不知道小蚂蚁的家是什么样的，它们怎么吃食物呢？"另一名幼儿说："我也想知道小蚂蚁怎样找食物、吃食物，那咱们就抓几只小蚂蚁放到班里的自然角看看吧。"冬冬马上反对："不能抓小蚂蚁，离开了家小蚂蚁会死的！""那我还想再看小蚂蚁怎么办？"游戏时间结束了，孩子们只好依依不舍地回班了。

分析与反思

春暖花开万物复苏，幼儿很偶然地发现了搬运食物的小蚂蚁，进而激发了他们观察探究小蚂蚁的兴趣，但是，受场地、环境等条件所限，又不能把蚂蚁直接放到自然角去观察，这时候孩子们有些失望，不知道该怎么解决这个困难。如何满足幼儿对昆虫的好奇心和探索欲，又能最大限度地发挥自然角的作用。这时候，教师要根据现有的班级空间、提供多种不同的材料，把自然角设置得更科学、更丰富、更有趣。既能观察到动植物的不同之处，还可以亲自动手种植植物和饲养昆虫、小动物，激发幼儿的观察兴趣，丰富幼儿的认知能力，增长幼儿的科学知识。

下一步策略

(1)自然角是幼儿认识了解大自然的窗口，教师要根据幼儿的兴趣、意愿、想法和需要创设，应因地制宜，选择阳光充足，便于幼儿欣赏观察、照顾饲养，相对宽敞安全的场地，如班级小阳台、楼道靠近窗户的公共区、户外的种植园地等。

(2)针对幼儿喜欢探究"小蚂蚁"的兴趣点，提供蚂蚁的标本、蚂蚁养殖盒、蚂蚁洞穴的图片，还可以让幼儿把他们想了解的关于蚂蚁的问题画出来，贴在自然角的环境中，引导幼儿自主去探究。

(3)根据大班年龄特点，认知水平与主题教学活动相联系，把他们的猜想、观察、发现进行记录、归纳、总结和分享，获得相关的科学知识。

(4)自然角与幼儿的日常活动相辅相成、互相渗透、有机融合，培养幼儿观察、照顾动植物的习惯，可以观察一些周期较长的动植物，如蝌蚪变青蛙、植物追光实验等。教师还要在指导方面，关注幼儿的兴趣点和参与实验的过程，如金鱼、乌龟、蜗牛的饲养等。

22. 我们班的"新朋友"

孙 宁

萱萱从家里带来一只小乌龟，小朋友们见到后都很兴奋。在活动区或过度环节时，萱萱经常和她的小伙伴去观察小乌龟，给小乌龟喂食，看看它在干什么，有没有大便，还会和小乌龟说说话，给它起名字。有的小朋友特意从家里带来鱼苗给小乌龟补营养，萱萱还给小乌龟折了纸船当摇篮，彤彤拿来彩色的石头装饰小乌龟的家。有的男孩想摸摸小乌龟时，萱萱和小姐妹们像护着宝贝一样说："你们可轻点！""别吓着小乌龟！""不能老摸！"别提多热闹了！可一段时间后，我发现萱萱对小乌龟似乎不像以前那么感兴趣和有耐心，其他小朋友观察的次数也越来越少。有一天萱萱突然跑来说："老师，小乌龟的家里脏死了，还有味儿。小乌龟怎么不动了？"

分析与反思

幼儿对于周围的环境和事物有一定的探究兴趣，尤其对动物世界更是充满好奇。幼儿的兴趣会随着新鲜感的淡化而减少，如果没有更加吸引幼儿的辅助环境或材料，对于循环重复的事情容易让幼儿失去耐心，而被身边其他的事物或游戏所吸引，转移注意力。

下一步策略

(1)情感迁移。教师以故事引导幼儿感受没有朋友、没人关心和照顾是很孤单的，小乌龟自己生活在自然角没有食物，没有朋友也是如此。重新激发幼儿爱护小动物的兴趣和情感。

(2)深入了解和认知。引导幼儿一起去探索小乌龟的生活习性和喜好，收集喂养照料小乌龟的相关资料，并在区角设立"怎样照顾小乌龟"的知识角。例如：小乌龟爱吃什么？多长时间喂食、换水？怎么给小乌龟换水？小乌龟生病了怎么办？启发幼儿在喂养照顾小动物的过程中，学会一些基本的常识，丰富自己的经验。

(3)制订"照顾小乌龟的计划"。大班幼儿有初步制订计划并按照计划执行的能力，幼儿可以自由结合或以小组形式商量、讨论、分工合作，这样让每个幼儿都有表达想法的空间及照顾小乌龟的机会，也更调动幼儿的积极性、参与性。

二、科学实验篇

1. 沉浮游戏真好玩

关杰明

科学区投放了沉浮的玩具已经有几天了，每天都有不同的孩子们来这里猜想和实验。坤坤是最爱在科学区游戏的小朋友，他几乎天天都来，还经常指导其他的幼儿操作，像个小老师一样，大家都愿意和他一起做实验。可是今天我却听到幼儿在喊："老师，坤坤把水全弄在桌子上了！""老师，我都提醒坤坤好几次了，他还是撩水。"寻声望去，原来是在科学区玩沉浮游戏的小朋友发出的不满声。只见坤坤伸着两只小手在盆里，不停地往不同的瓶子里灌水，还进行比较哪个瓶子里的水多，专注力并不在沉浮游戏上，任凭其他的小朋友多次提醒，他还是尽情地摆弄着。

分析与反思

坤坤在科学区表现有两种情况：一是对于沉浮的游戏材料已经不感兴趣了，可是其他的幼儿还沉浸在游戏中；二是他对玩水产生了新的兴趣点。教师应该针对这一情况，及时发现幼儿的可贵之处，肯定幼儿的做法，根据幼儿的兴趣、能力及最近发展目标及时调整。针对幼儿在区域内表现的发展需要，了解幼儿的真实想法，投放不同的材料以满足不同层次幼儿的需要。

下一步策略

(1)师幼互动。教师参与游戏，以合作伙伴的身份了解幼儿的需求，师幼互动共同调整游戏材料，激发幼儿的探索欲望，使幼儿再次投入实验、猜想的科学领域中继续游戏。

(2)材料的适宜性。对于不感兴趣的幼儿，我们要调整新的材料，以满足幼儿更强烈的探究欲望和挑战。对于其他的幼儿我们也可以继续保留原有材料一段时间，使热衷于沉浮的幼儿继续游戏。

2. 我会玩量杯
关杰明

今天琳琳在科学区对着量筒眉头皱着左看右看，拿在手里摆弄半天，我走过去问她："怎么了？"琳琳抬头看见我便问："老师，这个杯子怎么玩啊？"我走过去请他仔细观察小筐里的所有材料，琳琳知道了这是量杯，了解了这可以用来测量加多少水可以让小球浮起来。于是，我拿出小球和琳琳做起了实验。实验中我发现，在比较量筒中的水量时，琳琳只会用"少一点""多一点"等词语来表示，不能正确读出量筒上的刻度。这时我又观察了几次，发现很多幼儿在科学区游戏时，都不会玩量筒或者不能准确读出量筒上的刻度。

分析与反思

幼儿没有玩过测量实验，不认识量筒，缺少相关测量经验。幼儿没有理解教师的讲解或示范，不清楚测量工具的正确使用方法。

下一步策略

(1)结合科学区的测量小实验进行集体讲解，帮助幼儿熟悉游戏材料和玩法。

(2)引导幼儿将测量运用到生活中，逐步培养幼儿对测量活动的兴趣，初步知道测量工具的标准单位。

(3)了解尺子、量筒、天平等常用测量工具的正确使用方法，适时地投放幼儿感兴趣的测量工具。

3. 我量得最正确

关杰明

最近，幼儿很喜欢利用生活中的积木、吸管、绳子、筷子、水彩笔、胶棒等测量工具进行测量活动。于是，我们在科学区就投放了很多测量工具，如尺子、筷子、小积木等。晨晨和涛涛就在用尺子测量图书的长度。我在旁边看着晨晨拿尺子比着书，从头量了一下说："我量的是 13，你呢？"而涛涛拿着尺子握着尺子的一半量了量说："我量的是 7。"晨晨说："不对，就是13！"晨晨把尺子放在书的上面，指了指"你看啊！"涛涛纳闷地说："哎？我明明量的是 7 啊！"涛涛不解地回头看了看我问道："老师，我们俩谁说得对？"

分析与反思

幼儿喜欢直观形象的测量活动，但是幼儿在测量过程中不了解测量工具正确的使用方法，幼儿专注测量过程但是却不能发现两个人测量的方法不同。

下一步策略

(1) 引导幼儿发现使用的工具的方法不同。

(2) 学习正确的测量方法，如以人或物体一端为起点开始测量，一次接一次，顺序移动测量工具，每测一次就数一数，直至最后总数；也可以每测量一次就做一次标记，提高记录的准确性。

4. 我记错了

关杰明

在"有趣的静电"科学实验中，老师为幼儿提供了很多材料，如剪碎的塑料绳、毛线、皱纹纸、小纸片、泡沫粒等，孩子们操作兴趣浓厚、积极性高。今天活动区结束了，毛毛对豆豆说："我今天玩静电，能吸起来小纸片、毛线，还有——还有什么来的？"豆豆说："毛线不能被吸起来吧？""是吗？我记得有毛线啊！""你一定是记错了！我记得我实验的时候毛线不能吸起来！""这个……"他们找到了老师。"老师，我明明记得毛线能被静电吸起来的，但是豆豆不信，他说我记错了！这可怎么办？"

分析与反思

幼儿喜欢实验，往往又不能很好地记住实验结果。《指南》中指出"5～6 岁幼儿能用数字、图画、图标或其他方式记录有趣的探索与发现。"教师在活动区并没有为幼儿提供能够记录实验结果的工具，所以幼儿会出现忘记实验结果的现象。

下一步策略

(1)帮助幼儿了解实验记录的方式和方法。

(2)尊重科学观察记录的特点，根据幼儿的年龄特点和发展水平，教师提供实验记录的工具，如实验记录表、笔等。

(3)对于有一定绘画水平和书写经验的幼儿，鼓励其以绘画或文字的形式尝试记录实验结果。

5. 不变的彩泥
王坤雨

今天，孩子们兴高采烈地走进科学区，完成他们未完成的"体积守恒"的科学小实验。起先，涛涛准备了一块红色的彩泥，雯雯比着涛涛的彩泥准备了一块差不多大的蓝色的彩泥，他们问大家："猜猜哪块彩泥大？"一起观察的小朋友们发生了争执，有的说："红色的彩泥大。"有的说："蓝色的彩泥大。"经过一番争执，他们决定用天平称一称，在经过一番调整后，他们把两块彩泥调整的一样大了。接着，涛涛就把红色彩泥搓成了长条，雯雯把蓝色彩泥拍成了圆片。又问小朋友们："猜猜哪块彩泥大？"这时孩子们之间的争执更激烈了，大家各抒己见，有的幼儿说："蓝色彩泥大。"有的幼儿说："不对，是一样大，它只改变了形状。"在争执无果的情况下，孩子们求助于老师的帮助。

分析与反思

在幼儿把彩泥调整为体积相等的两块彩泥并改变彩泥的形状后，有的幼儿由于不理解体积守恒的概念，就会出现觉得改变了彩泥的形状两块彩泥就体积就不相同了的现象。根据幼儿年龄特点，抽象逻辑思维刚开始萌芽，而且初次接触"体积守恒"的概念，对体积守恒的概念认识不够，所以在实际操作中出现了许多认知上的误解。

下一步策略

(1)教师要先明确"体积守恒"的科学概念，引导幼儿观察彩泥的形状、大小，回想操作过程中有没有增加或减少彩泥。

(2)引导幼儿通过观察生活中的实物或现象，感知物体体积的大小不会因为位置、方向或形态的变化而变化，并能尝试用"体积守恒"解决生活中的问题。

6. 吹不出泡泡的泡泡水

王坤雨

在一次制作泡泡水的活动中，孩子们非常喜欢制作泡泡水，在制作过后就会和同伴们比较谁的泡泡水可以吹出更多的泡泡。在区域活动时，孩子们也尝试利用洗手液、肥皂、洗涤灵制作泡泡水。今天的活动区，依依和霈文都各自尝试兑出自己的泡泡水。依依兑的泡泡水放了很多洗衣粉，还加入了肥皂和水，用力搅拌，出了很多泡泡。在试吹时一个泡泡还没吹完就爆炸了。霈文兑的泡泡水放了很多的洗涤灵，还加了水和小苏打，用力搅拌，出了很多泡泡。在试吹的时候也出现了和依依一样的情况。接着他们又加入了洗涤灵和小苏打，搅拌过后还是没有吹出泡泡。于是两个孩子皱起了眉头，依依说："怎么回事？到底是哪出现问题了？"霈文也很疑惑地摇摇头。

分析与反思

"为什么我的泡泡水吹不出泡泡？"幼儿对泡泡水能吹出泡泡感到特别好奇。泡泡是由于水的表面张力而形成的，幼儿的前期经验很少，或者只是玩过吹泡泡并未真正的探索过吹泡泡水的制作方法。所以幼儿的泡泡水吹不出泡泡，即使能吹出泡泡也很少、很小。

下一步策略

(1)教师与幼儿共同制作泡泡水，在制作过程中教师将神秘液体(胶水)出示给幼儿，引导幼儿猜测，然后再请幼儿尝试制作泡泡水。

(2)充分尊重幼儿的想法，保护幼儿的求知欲及探索行为。幼儿探索制作之后，引导幼儿对比自己制作的泡泡水和教师的泡泡水的不同。针对幼儿的结论、方法，教师不要急于否定或告诉幼儿正确答案，而是让幼儿讨论生成结果。

7. 我能自己找到小动物

王坤雨

今天的科学区有了新的玩具"动物找一找"。刚开始玩的时候，林林和瑞瑞看着游戏的步骤图，按照步骤图的方法将游戏卡按顺序摆好，利用游戏书研究游戏玩法。玩着玩着，他们知道每一道题目后面都有答案后，忽然林林对瑞瑞说："瑞瑞你看，这个是有正确答案的。"瑞瑞说："咱们不看答案，看看谁找得多。"林林表示赞同。两个人的挑战游戏"动物找一找"开始了，前三关两人都很认真地找，最后都闯关成功，到了第四关，两人同时停下来，想了一会儿，还是没有找到正确答案，于是两人开始你看我，我看你，林林说："要不咱们看看答案吧。"瑞瑞说："好吧，咱们这关都先不算数。"当他们遇到难题时就悄悄地翻到后面一页寻找正确答案。

分析与反思

这个游戏幼儿刚开始玩时会有一定的难度，需要幼儿不断尝试调整四块游戏板的方向，慢慢找出规律才能完成。大班的幼儿非常愿意挑战，挑战游戏可以给孩子们带来快乐、自信。当孩子们发现每一道题目后面都有答案时，由于孩子们急于求成、渴望成功，在内心的驱使下孩子们就会悄悄地翻看答案。

下一步策略

(1)教师在幼儿游戏前引导幼儿看游戏书、游戏卡，了解游戏书和游戏卡上面动物的特征，了解游戏板如何使用，有几种摆放方法。

(2)在幼儿刚开始游戏时，教师与幼儿共同游戏，做幼儿游戏的合作者；在游戏过程中肯定幼儿的想法，做幼儿游戏的支持者；在游戏过程中指导幼儿调整游戏板的方向、正反，做幼儿游戏的引导者。慢慢地当幼儿找出游戏规律时，退出游戏当一名旁观者。

8. 让鸡蛋浮起来

王坤雨

在进行科学小实验"鸡蛋浮起来了"时，有的小朋友刚拿到鸡蛋就小声地说："鸡蛋哪儿会浮起来呀！"有的小朋友说："是啊，鸡蛋那么沉，肯定浮不起来。"还有的小朋友说："我觉得鸡蛋能浮在水面。"接着，小朋友们开始实验，幼儿们纷纷讨论，有的幼儿说："你看，我说它肯定浮不起来。"有的幼儿说："是啊，这怎么让鸡蛋浮起来呢？"还有的幼儿说："我搅拌了，鸡蛋怎么也不浮起来呢？"因为实验的纸杯有点儿小，而鸡蛋的个头有点儿大，当鸡蛋刚被放到盛有水的纸杯中时，不仅鸡蛋沉了下去，水也迅速地流到了桌子上，用筷子一搅拌水又流了出来。一个孩子说："老师，我现在就去把水倒掉点儿就可以了。"之后，孩子们继续实验，但始终没有成功。经过几次加水、倒水之后，有的幼儿就干脆放弃了实验。

分析与反思

幼儿正处于爱探索的阶段，对新鲜的事物容易产生极高的探索欲望。活动中，当教师出示幼儿不常探索的东西时，幼儿就会聚精会神地看着老师的实验，从而发现实验中的各种显而易见的现象。虽然幼儿会积极地模仿老师的实验步骤进行操作、验证，但是由于被有趣的实验所吸引，幼儿并未真正清楚地看到实验中的细节。基本的操作步骤相同，加上幼儿渴望成功没有注重细节，结果实验并未成功。当幼儿怀着一颗渴望成功的心，去做实验却大失所望后，产生了失落的心情，就没有信心再次尝试，于是幼儿就放弃了。

下一步策略

实验有成功就有失败。当幼儿实验失败时，就需要教师引导幼儿正确面对失败，激励幼儿寻找失败的原因，并再次进行尝试、探索。作为教师应该善于运用激励性的语言、和蔼的笑容、肯定的眼神和热情的态度来鼓励幼儿，激发幼儿的探究欲，理解幼儿。教师要善于表扬幼儿，"你一定可以的！""我们都相信你能做到！""再加把劲你就成功了！"在得到肯定后，幼儿的被认可感就会变成身体的驱动力，激发幼儿积极地参与到探索活动中，也会增强他们的自信心。

9. 好玩的齿轮

张 昊

科学区投放了新的玩具——齿轮玩具。活动区时间开始了，邱邱和楷楷都选择了齿轮玩具，从筐里拿出玩具就开始摆弄，随着邱邱的一声："张老师，我这儿不知道怎么组装了？"我应声走到他身边，发现邱邱和楷楷没有组装出造型，零件铺满桌面。我并没有急着说话，拿起了桌上的步骤图递到他们手里，他俩仔细看了一会儿步骤图，楷楷说："这个造型怎么组装呢？"邱邱突然拍手说道："噢！我好像知道怎么玩了！这需要仔细看步骤图，缺一个零件就装不上。"楷楷说："那咱们先把零件找齐，然后再按照步骤图组装起来。"于是两个孩子边看图边专注地又玩了起来。

分析与反思

齿轮拼装是具备观察、思考、操作等多方面能力的科学玩具。玩具投放不久，幼儿第一次玩，所以不熟悉材料、不知道看步骤图，并且幼儿在探索、操作能力上的水平不同，对部分幼儿有一定难度。

下一步策略

(1)集体介绍新玩具，引导幼儿知道玩具各个组件的名称及如何组装。

(2)指导幼儿学会看说明书或步骤图，并能尝试根据步骤图进行拼装，培养观察力。

（3）鼓励幼儿探索步骤图以外的拼装方法，增加挑战性或同伴间的合作意识，组装更多新作品。

10. 不转的小电扇
孙 宁

科学区里投放了新玩具——电子积木。坤坤、小俊和浩然一边连接导片、按扣，一边相互问道："你看这是什么？干什么用的?"坤坤说："我们可以看看说明书。"三个人在坤坤的带领下，对照说明书尝试着连接了一个"小电扇"。这时，浩然提出疑问："这里应该是装电池的，你看和说明书上一样，可是电扇怎么不转?""你装错了吧!"小俊问，"不可能，你看书上就这么画的。"浩然肯定地回答。坤坤又仔细瞧了瞧说明书说："对照着图再看看是不是哪拼错了。"几个人又摆弄了一会儿，还是不得其解，于是找老师询问解决办法。

分析与反思

幼儿对于新投放的电子玩具很感兴趣，他们第一次接触这个玩具，懂得利用指导手册来帮助自己，体现了大班幼儿的发展水平及同伴间的相互学习与合作，并能在遇到困难时，尝试自己想办法解决。

下一步策略

（1）鼓励和肯定幼儿能够通过自己的努力合作完成一件事，增强幼儿的探究欲望，提高幼儿的自信心。

（2）指导幼儿仔细观察说明书上的标识、电池、安装区域，引导幼儿发现电池有正负极，正极为"＋"，负极为"－"，并对照标识查找安装区域上的正极与负极，调整电池位置。

（3）分享经验。利用活动区评价，引导幼儿将新发现、遇到的困难及解决办法与大家分享，在表达交流中即幼儿相互学习的过程。

11. 悬浮的鸡蛋
孙 宁

尧尧和文琳在科学区玩悬浮的鸡蛋，两个人将容器接好水，将鸡蛋放入，便开始加盐。文琳一边用小勺舀盐，尧尧一边说："慢点! 慢点!"几勺盐下去仍不见鸡蛋飘起来，于是尧尧也拿起小勺和文琳一起放盐，还时不时听到两个人议论："它怎么不浮起来呢?""是不是鸡蛋坏了?""得加多少盐啊?"不一会儿,尧尧放下手中的小勺对文琳说:"没意思,你自己玩吧!"并将视线投向其他小朋友的游戏活动,而文琳的兴趣点似乎也转移到观察盐溶在水里下落的现象,还兴奋地跟尧尧说:"你看,跟下雪一样!"

分析与反思

沉浮变化是孩子们感兴趣的关注点,而介于沉与浮之间的"悬浮"现象提及较少,但又时常引起孩子们的注意。但活动内容必须与幼儿的兴趣、需要及接受能力相吻合,引导幼儿向最近发展区发展。从幼儿的反复操作、不耐烦、注意力不集中的表现来分析,实验中的材料单一、欠缺科学性,对实验现象的观察也不能吸引和满足幼儿的需要。

下一步策略

(1)提供两个相同材质、容量的装水容器,装淡水和盐水,让幼儿在实验中可以更直观地进行比较。也可增加糖、味精、淀粉、醋等,幼儿感兴趣并想尝试其他材料,提高幼儿对新材料的探究欲望。

(2)师幼、幼儿之间一起商量、制作悬浮记录表,引导幼儿关注水量、盐量的多少、鸡蛋的生熟会不会影响悬浮现象?并在实验操作中学会观察和记录,如用"小勺"的标记代表放了多少盐,用"↑"表示浮起来,用"↓"表示沉下去,而且乐意用自己的语言表达所发现的现象。

12. 和空气做游戏

张佳宝

有一天,峻峻拿着一个鼓鼓的食品袋跑到我身边:"老师,你猜我抓住了什么?"我疑惑地挠挠头,摸着峻峻手中袋子说:"不知道,你能告诉我吗?""哈哈,是空气!"峻峻大笑着回答。"是嘛!空气也可以抓?你是怎么做到的?"我接着问。于是峻峻打开食品袋,放掉里面的气,又对着袋子吹了吹,然后拉住袋口的一侧,小跑着围着科学区附近转了一圈,再一下子收紧袋口,一包鼓鼓的空气就这样被"逮住"了!这时,二宝、烁然等几个小朋友也被峻峻的举动吸引过来。"你干吗呢?""这是什么啊?"峻峻也兴奋地跟大家解释和说明自己是怎么抓住空气的。

分析与反思

生活中的无意发现引起了幼儿的科学兴趣,个别幼儿对"空气"的概念有所了解，结合生活经验知道"空气"的存在，对自己的发现敢于尝试和探索，并能自由表达和分享。

下一步策略

(1)新发现的引出。面对集体请幼儿说一说自己的尝试与发现，将"和空气做游戏"进行为一次活动："我们除了可以这样和'空气'做游戏外，还有哪些方法?"（吸气、用手抓、用瓶子装）

(2)在科学区提供能进行"空气"小游戏的材料。

①玻璃杯里的空气：将手帕塞入空玻璃杯底，把杯子倒扣着压入水下，猜想手帕会不会湿?

②空气在哪里：提供土、石头、空瓶子、粉笔、吹气玩具等材料投入水中，观察、记录看到的现象。

③熄灭的蜡烛：准备两支燃烧的蜡烛（注意操作安全），一大一小相同款式的玻璃杯或烧杯，同时盖在蜡烛上，观察现象。

13. 一起来造纸
张佳宝

最近，科学区投放了新玩具——造纸机，小朋友们都很感兴趣，争先恐后地要进科学区玩一玩。一天，娇娇和霏霏准备造纸，拿出工具看了又看，摆了又摆，似乎不知道怎么玩。大约十分钟，她们依然没有造出纸来，就开始四处张望，想寻求帮助。突然，霏霏看到在建筑区玩的浩然，就对娇娇说："浩然玩过造纸机，要不咱们问问他?"娇娇向建筑区的方向看了一看，点头表示同意。接着，两个人拿着玩具到建筑区找浩然："你能教教我们玩这个吗?"浩然一看是造纸机，便来了兴趣，一步步告诉她们怎样操作。霏霏和娇娇经过尝试后还是没有成功，又去问浩然，这下浩然干脆收好积木、穿好鞋，一起加入造纸游戏。

分析与反思

幼儿对新事物存在好奇感，新玩具"造纸机"玩法过于复杂，有一定难度。幼儿因个体差异，对事物的探索欲望、探究能力及游戏水平也会不同。当幼儿遇到困难时，能提出向同伴学习，体现了大班幼儿合作、活动化的学习特点。

下一步策略

(1)引导幼儿初步了解造纸术，并根据步骤图，知道造纸玩具每一部分的用途。在讨论用什么材料造纸的同时，激发幼儿初步的环保意识，引导幼儿在生活中注意二次用纸。还可以针对纸张的材质，如纸巾、图画纸、报纸、卡纸等，探索哪种废旧纸材料更易于再造。

(2)将幼儿探索游戏的过程以照片的形式记录下来，创设在区角环境中，如"我们来造纸"。引导幼儿通过看步骤图、过程性照片等学会使用造纸工具，启发幼儿在活动中随时记录发现的问题，利用活动区评价与幼儿一起探讨，提高幼儿使用玩具的科学性和造纸的质量。

14. 灯泡亮了

张佳宝

烁烁在科学区操作电路玩具时遇到了问题，怎么连接小灯泡也不亮，我见他尝试了几次还是不成功，便气馁地拆卸零件。我走过去询问有什么需要帮忙的，烁烁沮丧地说："我连接的灯泡就是不亮，不知道为什么？"我问："你是按照说明书连接的吗？"烁烁回答："我觉得太麻烦了，想自己试试。"我肯定地看着烁烁："你能有自己的想法并敢于尝试很好，但说明书就是为了让我们能更清楚地操作每一个零件，并在出现问题时可以查找原因。"在一旁玩磁片的峻峻听到后凑过来："我来帮你吧？看着说明书连接很快的。"于是在峻峻的帮助下，烁烁根据步骤图很快就让小灯泡亮起来，两个人高兴地拍起手，还和大家分享他们的经验。

分析与反思

幼儿敢于探索和尝试玩具的新玩法，但是专注力和坚持性较弱，遇到困难容易退缩。对于缺乏耐心的幼儿，在需要思考和操作较为精细的科学玩具时，有一定难度或挑战。

下一步策略

(1)引导幼儿了解说明书的用途和投放目的，尝试在个别科学游戏中学会看图操作，发展幼儿的思维。

(2)肯定和鼓励幼儿，幼儿的每一次尝试都是一种亲身体验与收获。教师可以用幼儿便于理解的方式进行引导，如照片、绘画、标记等记录自己的游戏过程，并保留下来与大家分享，从而解决部分难以理解的操作图。

15. 小鸟藏在哪儿

于 杰

这学期孩子们从家里带来了自己的小闹钟放在科学区，孩子们可以在活动区的时候通过摆弄小闹钟认识时间。但是今天活动区时间，瑞瑞在科学区玩着玩着就哭着跑过来："呜呜……"我问他："瑞瑞，怎么了？"瑞瑞说："老师，琦琦把我的闹钟拆了！"我抬头看向远处的琦琦，他也低下了头，我走过去小声地问他："为什么要拆瑞瑞的闹钟？"琦琦回答道："瑞瑞的闹钟能蹦出来小鸟，我想看看小鸟藏在哪里？是怎么蹦出来的？我不是故意的，我……"

分析与反思

《指南》中指出："幼儿经常动手动脑寻找问题的答案，通过探索有所发现时感到兴奋和满足，并能用一定的方法验证自己的猜想。"所以大班的孩子们有强烈的好奇心，并能根据自己的想象力去探索，是这个年龄段的特点。他们想把自己猜想的内容通过自己的实践进行验证，所以老师应该尊重孩子们的年龄特点，并鼓励幼儿大胆的探索。但是在探索的过程中，还要让幼儿知道探索、操作材料的规则，不能盲目地去进行操作。

下一步策略

(1)鼓励幼儿积极探索。第一，教师应肯定琦琦喜欢动脑、敢于探索的精神；第二，再把琦琦的想法告诉瑞瑞，并向瑞瑞道歉，获得瑞瑞的原谅；第三，把这次的小插曲向班里的幼儿讲述，讨论：如果想拿其他小朋友的玩具应该怎么做？

(2)制订操作材料游戏规则。经过幼儿的讨论，制订出操作材料的游戏规则，如哪些材料可以拆装？与同伴共同游戏的规则，等等。

(3)提供丰富的拆装玩具。给幼儿提供丰富的可拆装的材料和适宜的工具，支持幼儿探索并感知常见物质、材料的特性和物体的结构特点，如拼装小汽车、拼装电组风扇等操作材料。

16. 让泡泡水变多

孙立娜

迪迪和西西非常喜欢动脑筋，今天他们如约来到了科学区，选择了制作泡泡水的游戏。两人马上就开始了分工，迪迪对西西说："我来准备实验材料，你去接水吧！"西西说："好的！"接下来，迪迪就在装水的瓶子里加入了洗衣粉，西西加入了洗涤灵，然后用力搅拌试着吹了一个泡泡。"怎么泡泡这么小呀?"西西问，迪迪说："我们要不加点儿洗手液?"然后他们加了点儿洗手液，试着吹了吹。西西小声嘟囔："泡泡怎么还是有点儿少呀?"两个人皱起了眉头。

分析与反思

西西和迪迪非常喜欢科学区，对于探究类的实验会产生很高的兴趣。对于制作泡泡这个小实验，幼儿的前期经验很少，并不知道泡泡是由于水的表面张力而形成的，所以幼儿制作的泡泡水吹不出很多的泡泡，即使能吹出泡泡也很少、很小。

下一步策略

(1)教师可面向全体幼儿，共同探索制作泡泡的方法，在幼儿制作遇到问题时给予幼儿帮助。可以出示教师制作的泡泡水让幼儿尝试吹泡泡，并将制作泡泡水的小秘密(需要加入胶水)告诉幼儿，引导幼儿尝试。

(2)与幼儿讨论记录单内容，通过实验分别将洗衣粉、洗手液、洗涤灵等实验材料的浓度与可吹出泡泡的数量记录下来。

17. 不灭的小灯泡

孙立娜

则丘今天在科学区玩的是电路玩具。他在电路玩具的示意图上找了一个最难的示意图，并认真地把它拼完了。在他玩自己拼好的电路图时，我发现他的电路装置的小灯泡一直是亮着的。"你电路中的小灯泡一直是亮着的，它都在闪了，一会儿电池该没电了。你能想一个好办法吗?"则丘想了想，在玩具框里找了半天也没有找到。"你想想什么装置可以控制灯泡?""对，开关!"找到开关后，则丘仿照一个示意图将开关连上了，可是灯泡还是一直都在亮，他又反复检查实物与示意图，没有发现不同。

分析与反思

虽然幼儿每天都在使用电灯，但是对灯与开关所形成的电路图并不了解，不知道串联、并联是什么，更不知道并联电路一个开关控制一个灯泡。所以在安装灯泡时幼儿并未考虑到灯泡安装在不同的线路上，开关控制的是不同的灯泡。

下一步策略

(1)在日常活动中引导幼儿注意观察班级灯泡与开关的关系。

（2）有幼儿共同制作电路连接记录表，将幼儿会连接的电路或自创的电路记录下来。

18. 橡皮泥浮起来

孙立娜

今天，峻峻和涵涵又到科学区玩起了沉浮游戏，而且积极性非常高。涵涵和峻峻接了一盆水将橡皮泥、塑料插片、塑料瓶等实验材料放进了水中，并在记录单上记录了实验结果。在进一步探索"让沉下去的物体浮上来"时，峻峻的小眉头皱了起来："怎么让橡皮泥浮起来呀？"涵涵说："我们可以将橡皮泥搓成长条。"通过尝试这种方法并没有成功。接着峻峻尝试将橡皮泥搓成了一个圆球再按成圆饼，可是还是没有成功。"我们把它搓成正方形试试！"这次还是没有成功，于是两个人放弃了实验。

分析与反思

大班孩子敢于尝试、探索富有挑战性的实验，沉浮实验中"探索改变物体的形状"引起了孩子们关注兴趣，而这个内容对于幼儿来说是个新挑战。通过观察发现，幼儿能将已有经验迁移运用到实验中，但当面对挫折和困难时，并没有长时间的坚持和克服，仍需提升幼儿的想象力、探究及解决问题的能力。

下一步策略

（1）设计一节探索"让橡皮泥浮起来"的活动，启发幼儿大胆猜想，并根据自己的想法敢于尝试和操作。

（2）引导幼儿理解实验存在成功或失败，关键在于总结经验，能借助材料或工具帮助寻找解决的办法，并在合作中相互学习和促进。

19. 我榨出的果汁最多

孙义杰

最近，科学区投放了一些孩子们自选的榨汁工具。操作前，几名幼儿进行了猜想，有的说勺子榨汁快，有的说用手挤得快，还有的说可以用蒜臼砸橙子榨汁。每个幼儿都找来自己认为能够榨汁的工具，相互间有了讨论和比较。有的幼儿说："我在家都试过了，我这个方法是最快的。"另一个幼儿不服气地说："我和妈妈一起进行实验比赛，我用勺子又搅又压，我妈妈用擦丝器，结果还是我榨出的橙汁多。"教师鼓励幼儿通过实验操作来验证自己的想法，支持他们的进行实验操作，并鼓励幼儿在小组中把结果进行记录。

分析与反思

随着年龄的增长，大班幼儿的思维能力在不断发展，解决问题的能力也在不断增强，在前期的猜想活动中，幼儿能够根据自己的认知经验选择工具，并且有的还进行了操作验证，这种对问题的主动探究意识和行为要给予肯定和鼓励。幼儿间有争论时，教师不要轻易评价幼儿想法的对或错，而是要耐心倾听幼儿的想法，并给予必要的支持和帮助。幼儿是在解决问题的过程中获得经验，不断成长。

下一步策略

(1)活动中教师尊重每个幼儿的想法和做法，充分激发幼儿的探索愿望，给幼儿更多的操作时间，从而使幼儿能发现更多与众不同的方法。

(2)为幼儿提供丰富、巧妙的材料引导幼儿解决实验中的问题。

(3)教师要用有趣、简单的问题引导幼儿探索，把个性问题转化成共同的难题，让幼儿在活动中积极思维、相互启发，在探索中寻找问题的答案或发现多种解决问题的方法。顺应幼儿的探究兴趣，在不断猜想、实践、探究的过程中，才能有助于幼儿养成认真的态度，获得解决问题更有效的方法，在成功与失败中增长科学实践经验。

20. 孩子，别着急

孙义杰

科学游戏区的有两名幼儿正在进行配色试验，有一名幼儿在操作时用同样的吸管分别吸满同等量的两种不同颜色的水，然后放在透明的杯中混合，很快一个新的颜色就调配出来了。但另一名幼儿用一把勺子去盛颜色水，有时红色盛的多，蓝色盛的少，混合在一起的两种颜色没有发生预期的变化，连续两次因为操作失误，配不出想要的颜色，孩子很着急且想要放弃。这时教师走过去说："别着急，你先看看别的小朋友是怎么操作的好吗?"他点点头，放下手中的材料，看同伴的操作示范，看完后他对老师说："我在实验的时候两种颜色有的多、有的少，所以配不出新的颜色。"老师请他再次操作实验，终于成功了!

分析与反思

在科学实验活动中，幼儿是活动的主体，出现操作偏差和失误很正常，教师不能急躁。应在观察了解幼儿问题、困难的基础上，积极帮助启发引导幼儿，使他们在发现和解决问题的过程中，积极猜想、操作、记录，并主动建构自己的知识经验。教师则为幼儿的探究活动提供必要的材料和方法的支持，鼓励幼儿亲身体验，感受完整的研究过程，让他们在"做中学、玩中学"，真实感受科学探究的快乐。

下一步策略

(1)不要直接告诉幼儿结果或是代替幼儿操作，操作有误时，给他们足够的空间，通过适时引导和耐心等待幼儿自己发现，而不是急于告诉幼儿结果，鼓励他们去大胆尝试。

(2)在区域中提供材料，引起幼儿操作、探究的兴趣。引导幼儿探索解决问题的方向和线索，激发幼儿用新方法来解决问题的欲望。

(3)对幼儿将亲自获得的实验结果与大家分享交流的行为，给予表扬和鼓励，培养幼儿形成坚持不懈的科学探究态度。

第五章 科学区活动组织中的常见问题

第一节 小班科学区活动组织中的常见问题

一、兴趣与习惯

1. 幼儿玩了一段时间科学区就不爱玩了，怎么办？

? 问题描述

今天，幼儿吃完早餐后主动来到选择区域活动的墙饰前，他们有的独自张望，有的两人讨论着，都纷纷将进区卡插进了自己喜欢的美工区、表演区等标记中，只有科学区标记中空空的，一个进区卡也没有。过了一会儿，明明走过来站在墙饰前看了看，把卡插到了科学区。然后走到了科学玩具柜前挑选了很多筐玩具后，最终拿起了一筐磁铁放在桌子上玩了起来，摆弄了一会儿后就将筐放回玩具柜中，头也不回地走了。

Q 解读分析

开学前，教师为幼儿创设好了科学区域，每天都会有不同的幼儿很有兴趣选择科学区域游戏，但玩了一段时间后，幼儿就出现了刚到科学区玩一会儿就换区了，或者渐渐不爱玩了的现象，这主要有以下几点原因。

(1)小班幼儿对周围的很多事物和现象感兴趣，喜欢好奇地摆弄物品，但持续的时间较短。活动区材料无选择性地投放，在准备一个活动区的材料时，我们通常根据一个活动主题来投放材料，可是有的时候为了使活动区材料看起来丰富一些，就将与主题有关的材料一股脑地投放进去。这样看上去活动区的材料是多了，可是材料的质量却下降了，当幼儿在其中进行操作的时候，很多无实际价值的材料就闲置起来，而无操作价值的材料对于一个活动的开展也是毫无意义的。

(2)教师过多干预幼儿的活动，重结果轻过程。

（3）材料的投放单一，缺乏游戏性。如科学区投放了放大镜、凹凸镜，但是没有相应的让幼儿观察的图片或实物。

✅ **解决建议**

（1）活动区材料的投放应符合幼儿实际操作需要，去其糟粕，取其精华。选择幼儿感兴趣，易操作、多变化、多功能的玩具材料或废旧材料，对于幼儿比较生疏的材料，投放前一定要先为幼儿丰富其相关经验，并引导其运用于新的学习活动中。幼儿只有会玩，才爱玩。另外，让幼儿与教师共同提供活动区材料更能引发幼儿的操作欲望。

（2）适当干预幼儿的活动，给幼儿自主发展的空间。我们成人在进行一项工作时，如果被他人打断，都很容易干扰我们的接下来的行为，而打断幼儿正在进行的活动，告诉他应该怎么做，就会大大地降低孩子继续活动的兴趣，这个时候，孩子就会把活动当成一个任务，而不是发自内心的游戏。幼儿自己可以解决的问题，我们便放手，实在需要教师介入指导我们才出现，信任幼儿，幼儿便获得更多的发展机会。

（王 蓓）

2. 幼儿总是破坏科学区玩具，怎么办？

❓ **问题描述**

活动区时间到了，萌萌和静静都选择了科学区的凸镜玩具。萌萌拿起了凸镜，又选择了几张老师提供的图片，她拿着凸镜在图片上慢慢晃动，仔细地探索图片上的变化，突然她发现图案透过凸镜变大了，她激动地大叫："静静，快看啊！快看啊！这个圆形变大啦！"静静正在从筐里选图片，一下子被萌萌的叫声打断了，她赶紧上前看了看透过凸镜变化的图案，也兴奋地大叫起来："是呀！这个线都弯了！真好玩儿！"两个人都欢呼着大笑起来！静静拿起凸镜一边大声叫喊一边挥舞着凸镜，正兴奋时，手一打滑，凸镜从她手中掉了下来，摔在了地上，镜片与镜框分了家。

🔍 **解读分析**

两名幼儿对凸镜很感兴趣，并且能够仔细观察，用多种感官和动作去探究凸镜，非常关注动作所产生的后果。幼儿的操作与摆弄是他们好奇心、探索精神的主要表现，但幼儿通过摆弄、观察，发现一些现象之后很容易产生兴奋的情绪，甚至情绪失控，无意地损坏科学区域玩具、伤到他人或者违反游戏的规则。

✅ **解决建议**

(1)幼儿能够在科学区积极探究、发现，这种现象是非常好的，教师应多包容幼儿不小心的行为。教师可以先走过去和幼儿一起看一看，肯定幼儿发现的现象，并鼓励他们继续探究。

(2)对幼儿的探究鼓励后可对他们进行提示：科学区的玩具会有很多神奇的现象，如果发现了好玩的现象，可以等收完玩具后分享给大家，不要着急大喊大叫，会影响小朋友游戏。兴奋的过程中，不要跑、跳，注意自己和他人的安全。

(3)小班幼儿看待物体是拟人化的，在游戏前可以和幼儿共同商量制订游戏规则：小玩具摔在地上是很疼的，我们一定要保护好它，别让小玩具受伤，并且用规则图片的形式布置在科学区的墙面上。

（王　蓓）

3. 幼儿总喜欢玩弄植物，怎么办？

❓ **问题描述**

区域游戏时间到了，几个孩子走到科学区选择自己喜欢的玩具，也有的孩子走到植物角观察植物，忽然听到一个声音："老师！辰辰把小花揪下来了！他还揪叶子！您快来看看呀！"我走近一看，一朵茉莉花掉在了地上，还有几片叶子也掉了下来。我问辰辰："你为什么要揪小花和叶子呀？"辰辰忽然意识到自己做了不对的事情，愣了一下说："我就是想看看把小花和叶子揪下来，小植物会不会死去。"

🔍 **解读分析**

幼儿对周围世界的探索主要是通过对物体的看、听、摸、闻、尝等感知、操作活动来进行的。幼儿好奇心强，揪花和小叶子的行为正是幼儿对植物感兴趣的一种体现。小班幼儿是直觉形象思维，做事目的性不强，所以会因为一些无意识的行为破坏植物。

✅ **解决建议**

(1)如果幼儿是因为好奇破坏植物，教师要先肯定幼儿的探索精神。幼儿所表现的是有求知欲、探索欲的，要保护他们这种很难得的探索、探究精神。真诚地接纳、多方面支持和鼓励幼儿的探索行为。围绕着幼儿破坏植物展开随机性的研究，共同观察被破坏的植物能否存活，从而激发幼儿主动探究与观察。

(2)为了保护植物角的植物，可以以儿童化的语言提示幼儿："小植物是我们的好朋友，我们这么喜欢它，每天都来观察它、照顾它，千万不要让它受伤。"并用规则图片的形式布置在科学区的墙面上，给予幼儿提示的作用。

（3）可以开展有关保护植物的小主题活动，一起来说一说该怎样保护它们。

（宋　莹）

4. 幼儿总爱玩水，怎么办？

❓ 问题描述

早餐时，东东和嘻嘻边吃饭边相互看着对方，好像在商量着什么？我装作没有发现在一旁观察着她们。不一会儿，嘻嘻吃完了从座位上站起来收拾桌面，东东瞥了一眼嘻嘻马上迅速吃了几大口，也站了起来。两人一起收餐具、漱口，把进区卡插进了科学区，两人又同时奔向了科学柜拿出了小盆、瓶子等玩具，"我接水。""让我接水吧！"嘻嘻和东东拿着小盆抢来抢去。"那咱俩一起接水吧！"东东说。"好吧。"嘻嘻边说边点点头。两人拿着材料一同去接水了，过了 5 分钟，我见她俩还没有回来，就悄悄地走到盥洗室去看，只见东东和嘻嘻在水池边用科学材料玩起水来，有说有笑地玩得不亦乐乎！

🔍 解读分析

幼儿对周围世界的探索主要是通过对物体的看、听、摸、闻、尝等感知、操作活动来进行的，水的特性能吸引幼儿喜欢玩水，无论是水龙头流出的水，还是盆内盛的水，只要一有机会他们就会玩个不停。水能带给幼儿快乐，能激发幼儿思考，特别是水的一些现象，能提供给幼儿一种特殊的情感和身体感觉。幼儿会在自由、快乐的玩水过程中，情绪变得轻松和愉快，也能感受到水的一些特性。

✅ 解决建议

（1）根据幼儿兴趣，可设计有关"水"的主题活动。其中，在设计相关科学活动时，可以准备大小不一、形状不同、底面侧面有小洞的盛水容器等玩具，进一步激发幼儿的玩水兴趣，通过玩水游戏感知水的特性，通过玩水的过程使幼儿体验愉悦的情绪。这样既能满足幼儿的好奇心，又同时培养了孩子们主动观察周围事物、积极参与探索的良好学习习惯。

（2）允许幼儿在不同场景下探究，在幼儿开展水的探究活动中，教师提供好围裙、毛巾等材料，培养幼儿养成好的探究习惯。

（吴冬冬）

5. 幼儿在玩水车时总会把水洒得到处都是，怎么办？

❓ 问题描述

活动区游戏时，有三名幼儿选择了科学区的小水车。他们搬好椅子，把水车挪到桌子上便开始玩了起来。一开始玩时，三名幼儿看着水从水车上流下来都很激动，高兴地直拍手。他们就这样玩了一会儿，便有一名幼儿说有小朋友把水洒到桌子上了。

Q 解读分析

小班幼儿对新鲜事物充满好奇心，并且对可以动手操作的物体感兴趣。所以当他们看到水从水车上流下来时特别的激动。但是由于班中孩子对水车的游戏规则不是很明确，并且在投放水车的相应辅助材料时也有一些不适宜。

✅ 解决建议

(1)投放适宜的相关材料：如毛巾(如果水洒了可以用来吸水)、大小适宜的小杯子(方便幼儿盛水)、盆(可以把水车放在盆中进行游戏、观察)。

(2)明确水车的游戏常规：如每次盛适量的水、水不小心洒了及时用毛巾擦干净、玩水车时要在离盥洗室最近的桌子上进行游戏。

（郑寅初）

6. 幼儿总喜欢摸虫子，怎么办?

? 问题描述

夏天到了，幼儿园操场上的大杨树枝繁叶茂。户外活动时间，孩子们发现大杨树上面垂下一条条透明的丝线，线下吊着的绿色小虫正在扭着身体吐丝。孩子们十分兴奋，相互呼唤着围到树下，抓弄、拍打着小虫玩，当小虫子掉到地上，孩子们就去用手摸小虫子，玩得开心极了。

Q 解读分析

新奇的东西总是能引发孩子们的好奇，对于陌生的事物，孩子们会习惯性地用最直接的感官手段(看、听、摸、闻、尝)去认知与探索，这是他们的年龄特点。而孩子们也正是在这种看似不经意"玩"的过程中产生了好奇心与求知欲，孩子们的学习与知识经验的积累也正是伴随着"玩"进行的。

✅ 解决建议

依幼儿兴趣，进行有关动植物的随机教育。引导幼儿通过有目的地触、看，对虫子的外形、生活环境进行观察，了解其生存、成长方式及对周围动植物的影响与联系等知识。同时进一步寻找幼儿的兴趣点，拓展话题，渗透相关的知识。这样既丰富幼儿的知识量，增加其如何进行主动探索的经验，同时也培养了孩子们主动观察周围事物、积极参与探索的良好学习习惯。在引导幼儿对虫子认知的同时，使幼儿了解哪些是益虫，哪些是害虫，有些虫子是不能用手来触摸的，不然就会使手指受伤，让幼儿学会保护自己。

（吴冬冬）

7. 孩子拿到科学玩具不探索，怎么办？

❓ 问题描述

　　孩子们吃完早饭后自主选择区域，果果站在进区卡面前想了很久，他看了看娃娃家的人数已经满了，最后只好选择了科学区，他走进科学区，东瞧瞧西看看，然后停顿了两秒，拿起了一筐玩具直接放在了桌子上，然后就开始用小手支着头，过了一会儿，他还是那个样子。

🔍 解读分析

　　(1)小班幼儿对新鲜事物有好奇心，幼儿不喜欢科学区，有可能是因为对科学实验没有兴趣，没有感受到科学活动带来的乐趣。

　　(2)对感兴趣的事物能仔细观察，发现其明显特征。

✅ 解决建议

　　(1)针对小班幼儿关注事物表象的特点，投放科学现象凸显的材料，小班幼儿的观察能力处于较低水平，经常只关注到事物的表面特征和非常明显的现象，对多种材料的比较探究和细致观察有一定困难，不善于从整体出发或多角度去发现事物内在的联系，因此我们应为小班幼儿提供简单、直观、易操作、有趣味的材料，引发、促进幼儿与材料的充分互动，探索事物间的简单关系。

　　(2)针对小班幼儿知识经验贫乏的特点，应注重投放材料的生活性，幼儿新经验的获得建立在已有经验的基础上，和已有经验有联系的新事物容易引起幼儿的兴趣，已有经验水平影响着幼儿当前探索兴趣、注意力和探究的持续性。

　　(3)针对小班幼儿直觉行动占优势的特点，突出材料的可操作性，吸引幼儿兴趣，并动手操作和实践。

（朱　宁）

8. 幼儿总想摸一摸小动物的尾巴，怎么办？

❓ 问题描述

　　班里的孩子们从家里带来了想要照顾的小动物，如小金鱼、小乌龟。他们特别喜欢来自然角观察这些新来的"朋友们"，过了一段时间我就发现有的孩子对小动物的尾巴产生了浓厚的兴趣，开始喜欢研究小动物的尾巴，有时候拽小动物的尾巴、有时候只是试探性地碰一下，还有时候揪着不放，甚至还会用手揪着小动物的尾巴问我："陈老师，小动物没了尾巴会怎么样？"

解读分析

人类身上没有尾巴，但是小动物的尾巴有粗有细，且颜色不同，所以幼儿对尾巴有着强烈的好奇心，总想去摸一摸。3～4岁的幼儿喜欢接触大自然，对周围的很多事物和现象感兴趣，经常问各种问题或好奇地摆弄物品。幼儿对小动物的尾巴不了解，就会有想去探索小动物尾巴的兴趣。教师应该尊重及保护孩子们的探究欲望，引导幼儿正确地进行探究。

解决建议

经常带幼儿接触大自然，激发其好奇心与探求欲望。

(1)亲子活动：鼓励幼儿同家长去参观动物园，观察不同动物的尾巴，让幼儿直接感知到每种动物都有尾巴且是不同的。

(2)分享成果：收集有关小动物尾巴的知识、照片或故事，请幼儿将自己收集的材料和了解的知识分享给同伴。

(3)故事引导：通过故事《小壁虎借尾巴》的故事告诉幼儿，尾巴对于小动物来说，是身体中必不可少的组成部分，一旦它们失去了尾巴，就会给它们带来许多麻烦和灾难。所以我们要懂得保护小动物的尾巴。

（陈姊璇）

9. 幼儿想亲吻小动物，怎么办？

问题描述

班里的自然角养殖了很多可爱的小动物，如小乌龟、小金鱼、小兔子等。孩子们看到自己喜欢的小动物时就会想去亲它的嘴巴或身体。甚至还有小朋友在小乌龟的头伸到壳里后还用手摸它，我怕乌龟会伤害到他们就制止了他们的行为。孩子们就会问我："陈老师，我们和小动物是好朋友呀！为什么我不可以抱抱它、亲亲它呢？"

解读分析

幼儿很喜欢小动物，想去亲近它们，喜欢用多种感官或动作去探索物体，关注动作所产生的结果，所以他们想用对待自己好朋友或爸爸妈妈的友好动作用在小动物身上，这也是幼儿与同伴及家人交流感情的方式。但是却不知道这样亲吻小动物，会使小动物害怕，甚至导致小动物自我保护的同时会伤害到幼儿。

解决建议

(1)了解动物的习性：首先带领幼儿通过小故事等不同形式，让幼儿了解小动物的生活习性。了解人类在小动物的眼中是非常大的生物，对于它们来说是很危险的。如果接触的方法不正确，小动物也是会攻击人类，这样也会产生危险。

（2）了解正确的接触方式：首先引导幼儿了解"亲吻"的动作是友好相处的方式之一，但是出于卫生安全考虑，不适宜用这样亲密的方法对待小动物，对待同伴也可以用拥抱等方式代替亲吻。然后和幼儿讨论，正确对待小动物的亲近方式有哪些？如多来看看它、摸一摸它，等等。

（陈姊璇）

10. 科学活动中幼儿总是着急说出答案，怎么办？

❓ 问题描述

在科学活动中教师经常会让孩子们说一说在活动时出现的问题和解决办法，在大家一起讨论的过程中，总有一部分幼儿不给其他幼儿思考、探索的机会，总是急于说出结果。并在实验过程中根本不问别人的需要就开始帮助同伴操作，让一部分幼儿根本不能通过自己操作，去体验到科学活动所带来的乐趣。

🔍 解读分析

有些幼儿会对科学活动非常感兴趣，在家里会有爸爸妈妈给他们讲一些关于科学方面的知识。在幼儿园中有些幼儿会因为胆子比较小不敢举手回答问题，或者有些幼儿对于知道答案的过程需要非常多的时间，一次一次由教师引导并且试验。作为教师需要激发幼儿的探究兴趣，要善于发现和保护幼儿的好奇心，利用自然和实际生活机会让幼儿自主探索。但是由于性格所决定，有些幼儿特别急于表现自己，并且表现欲望强烈，希望得到老师的肯定，会把答案在没有经过探索的情况下说出来。

✅ 解决建议

（1）鼓励幼儿喜欢参与科学活动，并有探索精神和喜欢帮助他人的想法。

（2）教师可以通过情境表演的方法，和直接说出答案的这些幼儿一起做实验，让其他幼儿在台下观看，在实验的过程中，教师假装不会，让会的幼儿主动帮助操作。在操作的过程中，告诉幼儿："你这样帮我做了，下次我还是不会。你能不能给我一点时间，让我自己先试一试？"这样来引导幼儿懂得给同伴思考的时间，同时告诉他不要直接操作，应该鼓励同伴自己思考、探究，这样同伴会更开心的。这样既保护了幼儿的自尊心，又引导他们学习正确帮助同伴操作的方法。

（3）可以让喜欢探究的幼儿担任科学区小小指导员，鼓励他把自己的实验过程分享给同伴。

（陈姊璇）

11. 孩子们总是随意挪动自然角的物品，怎么办？

❓ 问题描述

　　自然角的动植物陆续丰富起来了，有开花结果儿的绿植；有泡在水里的萝卜、白菜、大蒜；还有活泼可爱的小动物。孩子们对于新来到班级中的植物非常感兴趣，每天主动照顾植物，浇水、修剪枝叶、观察植物的生长变化等。孩子们在观察的过程中萌生许多的想法。比如：花骨朵什么时候能开放？小西红柿什么时候能吃？小蝌蚪什么时候长出腿来？各种各样的想法促使他们不再满足于看一看。连续几天，我发现乌龟缸和几盆植物的位置明显地被挪动了，今天我看到晴晴把花盆搬到地上，然后骄傲地说："这样浇水就方便多了。"其他几名幼儿也一起伸手把鱼缸试图搬走。我连忙走过去说："小朋友，小鱼的胆子很小，你们这样做会吓到它们的。"于是孩子暂停了手中的工作。

🔍 解读分析

　　孩子们在自然角中开始不满足于观看新的动植物了，由于好奇心增强，他们尝试用手去摆弄和挪动花盆和鱼缸。这主要有以下几点原因。

　　(1)3～4岁幼儿的思维特点是以"具体形象思维"为主。所以在自然角的活动中对摆放的各种物品都产生好奇和兴趣。

　　(2)在《指南》中也提到：3～4岁阶段幼儿经常问各种问题，或好奇地摆弄物品。一些种植材料或工具是城市中的孩子很少接触到的事物，所以他们所表现出的"挪动""摆弄"是很正常的现象。伴随着这个特点，幼儿还会出现注意力比较分散。

　　(3)关注的点太多，而忽视了植物类生长变化的观察。再加上对动植物的照顾上经验不足，所以很容易造成动植物的死亡。

✅ 解决建议

　　(1)教师在观察到幼儿的这种现象后，首先不要急于制止与干涉。因为孩子的这种表现说明了他们开始对"种植"类的活动产生了兴趣。虽然在初期的关注点比较多，但却说明幼儿有主动参与的意愿了。那么教师就应该为幼儿提供更多亲手操作、直接感知的机会。比如：在过渡环节中鼓励幼儿使用小水壶为小花们浇浇水，拿起小铁铲给种植箱中的小苗松松土等。在这些过程中幼儿逐步熟悉了他们感兴趣的和比较陌生的工具材料。他们的好奇心得到了满足，再通过教师适时地引导，就会慢慢地将注意力转移到观察植物生长等内容上来。

　　(2)教师在安排和摆放自然角的物品时，重点要考虑到所观察的自然物是否便于从幼儿的角度进行观察体验。如果过高或者过低，就会给幼儿的观察造成不便。所以，为幼儿选择好观察的位置是个非常重要的教育策略。

（王　坤）

12. 幼儿总是伤害陌生的昆虫，怎么办？

❓ 问题描述

幼儿户外活动分散游戏时，三五名幼儿围在一起蹲在地上观察着什么，不一会儿围在那儿的幼儿越来越多。我走过去看见地上有几只小昆虫，幼儿先是好奇，然后一边用脚踩昆虫，还一边说着："让你咬人，我踩扁了你！"许多不明原因的幼儿看到这一现象也一同参与进来，壮壮和几个小朋友在观望叫好，有的幼儿看到小昆虫被踩死之后兴奋地高喊："我们胜利喽！"姗姗跑来告诉我："老师，那些小虫子都是'坏人'，它们喜欢咬人，还特别脏，一定要消灭掉。"孩子们都用愤怒的目光盯着死去的昆虫。

🔍 解读分析

(1)从这个现象可以结合《指南》中提到的：3～4岁时期幼儿能用多种感官或动作去探索物体，关注动作所产生的结果。这个特点告诉我们幼儿在发现昆虫后首先是一种好奇和探究的情绪。他们不满足看一看，摸一摸。还会采取更为剧烈的动作，如捏、踩等动作试探后面的结果。

(2)当然这个行为也难免有故意伤害的思想。认为昆虫是对人们有害的动物。这也反映了成人在幼儿成长的过程中缺少对幼儿科学知识的传授。

✅ 解决建议

(1)教师要进行有关昆虫的科学活动的普及，让幼儿了解一些"害虫""益虫"的相关知识。消除他们心中对昆虫的敌意。在日常教学中，教师可以创设情景。要让孩子对身边常见的动物建立正确的认识。同时更要培养正确的探究品质和热爱自然界的良好情绪和情感。

(2)成人要让幼儿懂得在"昆虫的一家"中也有孩子、爸爸和妈妈，它们也像我们一样喜欢安静、安全的生活，遇到死亡时昆虫们也会很伤心。用这种拟人的方法逐步培养幼儿珍惜生命的健康心态和对大自然中的其他生物积极探索、发现的学习品质。

（王　坤）

13. 有些幼儿偷吃小种子，怎么办？

? 问题描述

在班级自然角中，投放了一些小豆子，有红豆、黄豆、蚕豆和花生米等。孩子们每天拿着放大镜在这里观察小豆子的结构。可是随着时间的变化，少了许多小豆子，于是我便问正在观察的幼儿："哎呀！咱班的花生米怎么变少了，你知道它去哪儿了吗？"幼儿低着头说："老师，我也……不知道。"我正感到奇怪的时候，突然有人悄悄地走到我身边，趴在耳边说："老师，他刚才吃了自然角的花生米，我看见了！"顿时我就明白了一切。

🔍 解读分析

(1)小班幼儿对一些小豆子比较好奇，他们不仅用眼睛看，用手摸，甚至还产生了用嘴品尝的愿望，所以那些花生米被幼儿偷吃。这说明，孩子在这个阶段正是好奇心与探究欲望比较强烈的时期，喜欢用多种感官进行探索，所以发生吃花生米的情况也是因为年龄特点所致。

(2)幼儿的自我保护意识不强，对一些物品产生食欲却不考虑卫生和安全的问题。

✓ 解决建议

(1)教师一定不要只急于责备幼儿，而要在弄清原因之后进行正确的引导，告诉他们这样做的不良后果。对于幼小天真的幼儿我们可以运用一些拟人化的游戏形式来避免不良行为的发生，如可以将幼儿容易误食的水果、种子拟人化："水果是从水果王国来的朋友，种子是从种子王国来的朋友。它们从很远的地方来和我们见面，我们要好好地保护它们。"需要注意的是，在集体教育过程中一定不要过于强调"吃"这个词，以免引发更多幼儿的好奇而发生不良行为。

(2)在放置小种子这样的物品时，教师可以选择盒盖比较严实的盒子或者瓶子。在方便幼儿观察的同时，也可以做到不易洒出或取出，避免幼儿误食。

（王　坤）

14. 幼儿在观察小动物时没有自我保护意识，怎么办？

? 问题描述

自然角里饲养着两只可爱的小兔子，孩子们可喜欢了，不但每天给小兔子带来丰富的食物，而且都争着去给小兔子喂食物。早饭后，几个幼儿陆陆续续去看小兔子，琪琪高兴地拿着她妈妈切好的胡萝卜去喂小兔子。小兔子"咯吱咯吱"地吃着，嘴巴离琪琪的手越来越近，琪琪仍然捏着剩下的一点胡萝卜不撒手。我连忙说："琪琪，快松手，小兔子快咬到你的手了！"琪琪下意识地把手松开了。蹲在一旁的其他幼儿都抬起头看了我一眼，然后又继续观察小兔子了。这时，乐乐看到笼子门处有两个栏杆缝隙较大，就把手指伸了进去摸小兔子的脸，琪琪马上说："你别把手指伸进去，小兔子会咬你的！"

🔍 解读分析

小班幼儿的生活经验和认知水平不足，在喂小白兔吃食物的时候，会无意间把手指伸进笼子里，他们不知道这样做会有危险。另外，饲养小白兔的笼子的缝隙较大，容易造成孩子的手指被咬伤的情况。

幼儿对周围世界的探索主要是通过对物体的看、听、摸等感知和操作活动来进行。饲养小兔子的笼子门敞开了，可能是小朋友们打开的，可能是小兔子撞开的，还可能是笼子的门坏了。

✅ 解决建议

（1）有些操作材料或器械可能有一定的危险性（笼子的门有问题、笼子的缝隙要适宜、食物的大小要适宜等），教师应十分注意幼儿的安全，保证幼儿的观察和操作活动顺利进行。

（2）教师参与到幼儿的饲养活动中，引导幼儿在正确饲养小兔子的过程中感受过程和方法，提高幼儿自我保护的意识，了解小兔子的生活习性和特征。

（王金艳）

15. 幼儿总喜欢不停地给植物浇水，怎么办？

❓ 问题描述

"老师不好啦，快来看看，植物角里发大水啦"。丹丹小朋友急忙跑过来拉着我的手来到了植物角。植物角中有小朋友们带来的各种花卉和蔬菜，有开花的、有长叶子的，有结果儿的，还有能够做菜吃的。每天都有小朋友争先恐后地给植物浇水，照顾它们。今天负责照顾小植物的是丹丹和浩浩两个小朋友，浩浩拿着水壶，非常认真地、一壶一壶地给每一盆植物浇着水，有的花盆里已经浇了满满一盆水，可是浩浩依然往花盆里倒水，水流了满满一地。

🔍 解读分析

（1）3～4岁的幼儿行为的目的性较差，思维属于直觉行动思维。照顾植物是好奇心或者一种模仿的行为，看到老师或其他小朋友给植物浇水了，他们就会模仿着去给植物浇水，并不知道要浇多少水才是适宜的。

（2）小班幼儿喜欢亲近大自然，观察各种各样的植物，发现植物的不同特性，但是因为他们的年龄特点和生活经验的不足，在观察和照顾植物的过程中，经常会出现一些特殊的情况。

（3）幼儿对植物的生长特点不了解，他们结合自己的生活经验，认为家长和老师经常提醒自己要多喝水才能身体好、长得高，于是他们就把这些生活经验也迁移到植物成长中，所以每天不停地给植物浇水，希望植物宝宝快快长。

✅ **解决建议**

（1）教师可以和幼儿一起做实验，比如：取两盆植物，一个花盆中的土已经很干了，一个花盆中的土很湿，让幼儿看看"哪盆植物需要喝水"？从而引导幼儿，花盆里的土在湿湿的时候就是植物不渴，不用给它喝水，干干的时候，我们就要让它喝水啦。接着，给植物浇多多的水，让幼儿看到有水从花盆底下漏出来时，引导幼儿通过观察，知道虽然土是干干的，但也不能一下给植物喝特别多的水。

（2）教师用正确的方法照顾植物，起示范作用，准备一个适合小班幼儿使用的水杯，接好水后让幼儿观察接多少水，再和幼儿一起讨论：我们要给小植物喝多少水？引导幼儿观察花盆里的土变得湿湿的时候，植物就不想再喝水了，然后带着幼儿给植物浇水，鼓励他们使用正确的方法。

（董　艳）

16. 幼儿关注自然角的兴趣不高，怎么办？

❓ **问题描述**

为了丰富班级自然角，老师对一些孩子们常见的植物进行土培和水培的再种植，如白菜、土豆、萝卜、白薯等，老师常会为这些植物进行护理、浇水，植物们慢慢地发生了变化、慢慢地长出了新芽，老师带领着孩子们对植物进行观察，可是孩子们对这些植物变化却没有太多的惊喜和兴趣，关注也不多，偶尔有小朋友走过来也只是观望一下，然后默默地离开，还有个别孩子会动手把刚刚长出的来叶子或小花摘下来，拿在手中玩……

🔍 **解读分析**

由于自然角是老师种植的，幼儿没有亲自参与，所以对自然角种植的植物生长变化关注不高、兴趣不浓，在照顾植物的过程中幼儿的参与性不强，观察不主动，也不懂得如何去爱护和保护植物宝宝。

✅ **解决建议**

（1）家园合作，请孩子们自己种植物带到幼儿园。

（2）和孩子们一起讨论正确的照顾植物的方法，引导幼儿自己照顾植物。

（3）过渡环节中和孩子们聊聊种植的话题，说说自己的植物宝宝有哪些变化，如长高了、又长出新叶子、叶子长大了……逐渐引导幼儿懂得观察植物并学会保护它们。

（4）引导和鼓励幼儿大胆地向老师或同伴说出自己植物宝宝的变化。

（董　艳）

二、知识与技能

1. 幼儿在科学区中对观察细节特别感兴趣，怎么办？

❓ 问题描述

早饭后小宝选择进入科学区，搬出了刚放置的装着许多树叶和放大镜的玩具筐，他拿出一片树叶，用放大镜凑近看了起来。"呀，树叶变大了，我看见上面的花纹了！"他惊喜地叫了起来。他的叫声把刚来的另外两个小朋友都吸引了过去，两人把头凑上去看了看，然后也拿起了一面放大镜和树叶看了起来。这时，小宝用放大镜凑在自己的眼睛上，朝着朱子帧看了看，叫道："呀，你的嘴巴也变大了！"于是，三个人用放大镜互相看了起来……

🔍 解读分析

《指南》中科学领域的科学探究目标三"在探究中认识周围事物和现象"指出：幼儿要能感知和发现简单的物理现象。兴趣是幼儿最好的老师，好奇、好问、好探究是幼儿的年龄特点。我们在科学区投放各种各样树叶的同时，还投放了放大镜，旨在激发起幼儿更好的探索兴趣，这对于幼儿来说这也是一种适宜的、有力的游戏支撑。

小宝比起其他小朋友知识面比较丰富，他在各种活动中都表现得较积极，爱动脑筋，很有自己的想法和主见，区域中出现了新的材料，他很乐意去探索发现。

✅ 解决建议

（1）活动区评价时请小宝介绍自己的发现，肯定他的自主探索精神，鼓励其他幼儿向他学习。

（2）取得家长支持，请家里有放大镜的幼儿把放大镜带来，扩充科学区的探究工具，让幼儿有更多的机会去探索发现。也可以请家长在家鼓励幼儿用放大镜去探索周围的更多事物。

（3）鼓励幼儿互相分享用放大镜观察树叶或其他物体后的发现，提升孩子们不断探究的兴趣。

（魏　兰）

2. 在自然角幼儿总会提出很多问题，怎么办?

问题描述

晨间来园小小很有礼貌地说:"老师早!"她好奇地问我:"你在干什么?"我说:"我在给小花浇点水啊。"她静静地看着，跟着我看是怎么给小花浇水的，突然小小大声地说:"老师，乌龟是不是死了?"这话引来了其他几位小朋友的注意，大家纷纷议论:"乌龟是不是死了?""它死了吗?""没死吧。""那它为什么不动?""可能睡着了吧。""它会睡觉吗?""它怎么睡觉?"

解读分析

孩子们的年龄特点决定了他们有很强的好奇心，对周围的事物充满了浓厚的兴趣，上面孩子们的对话看似平常，但却能体现出孩子们对自然角很感兴趣，并且喜欢关注自然角里的动植物，孩子们能够通过自己的观察提出问题或是进行简单的思考，他们对那些变化的环境和事物会更关注、更有兴趣，会自己产生问题、引起争论，我们老师需要不断提供和创设，挖掘一些能够吸引幼儿深入探究的内容。维持幼儿的兴趣，深化他们的话题，不断引发他们的探究兴趣，从而激发他们的探究意识，提高探究能力。

解决建议

(1)鼓励孩子们通过自己的观察提出问题，大家一起寻找答案。

(2)取得家长的支持，帮助幼儿查阅资料，收集相关资料，带到幼儿园和小朋友一起分享。

(3)成人要多陪伴幼儿探究游戏，并讲解一下最浅显的道理就可以，注重幼儿探究过程的体验，弱化探究结果。

(魏　兰)

3. 幼儿给植物喝热水，怎么办?

问题描述

不爱喝热水的冬冬和西西，今天跑去接自来水喝了，我发现后马上制止了他们的行为。并针对这个现象，我给全班的小朋友讲了我们为什么要喝温热水。"冬天天气冷，小朋友喝温热水肚子会很舒服。饮水机的水经过加热后，没有细菌，喝了不会肚子疼，小朋友你们知道吗?""知道! 知道!"我望着冬冬、西西说:"口渴了，记得喝饮水机的水。"冬冬、西西点点头说:"知道了!"

第二天冬冬和早来的幼儿给自然角的植物浇水，只见冬冬直接走到饮水机前接水，嘴里还不停地说："我也要给小花喝点儿热水。"我听到马上走过去，告诉冬冬："不行，不行，小花不能喝热水！"

🔍 解读分析

小班幼儿刚入园不久，在家中没有照顾过小植物，不了解植物生长规律，他们知道小朋友喝热水好，觉得植物喝热水也会好。所以就给植物喝热水了。他们的表现和做法与自己的生活经验有直接关系。

✅ 解决建议

幼儿对周围世界的探索主要是通过对物体的看、听、摸、闻、尝等感知和操作来进行的。首先，我们要肯定冬冬知道小花渴了，能主动去给小植物浇水很好。然后通过小实验的方法，让小朋友去观察、感知、寻找答案。最后得出小植物为什么不能喝热水的结论。例如：先拿来两片菠菜叶子，教师再接来一杯热水，请小朋友摸一摸，感知一下是不是水很热，然后把热水浇在一片菠菜叶子上。问问小朋友："发现叶子有什么变化了吗？"并请小朋友一起说一说小植物怎么样了？和另一片叶子比一比有什么不一样？"叶子变软了，叶子颜色变深了。如果给咱们的小植物喝热水它们就会变成这个样子，多可怜呀！"通过这个小实验，让孩子更直观地看到小植物喝了热水的结果。这样小朋友就明白为什么小植物不能喝热水了。

（张秀芹）

4. 幼儿总喜欢喂食小鱼，怎么办？

❓ 问题描述

今天早晨和往常一样，小朋友们又去照顾自然角的小植物、小动物了。他们有的给小花浇水、有的给小鱼喂食……然后就都纷纷离开教室去户外活动了。而乐乐却聚精会神地趴在鱼缸前一动不动。我叫："乐乐，乐乐，咱们做操去。"他没有回答。到底怎么回事？

🔍 解读分析

小班幼儿对周围的很多事物和现象感兴趣。乐乐发现了什么？于是，我悄悄地走到乐乐身旁，看到乐乐入神地盯着鱼缸里的小鱼，小鱼们正在大口大口的吞食着鱼缸里漂浮的大片鱼食。我控制住自己急切的心情，平缓了语气说："乐乐你发现了什么？""老师，您快看，小鱼饿了，在吃食物，它的嘴张得大大的，一下就能吃到。"哦！原来，乐乐是被小鱼吃食物那娴熟的动作吸引了。

✅ **解决建议**

小班幼儿的思维特点是直觉行动思维。所以，当我们教师发现问题后，就要及时地予以解决。这样才能更有针对性，才能收到事半功倍的效果。

于是，我连忙捞出部分鱼食，并对乐乐说："小鱼的本领很大，能准确地捉到自己喜欢的食物。但是，小鱼不能一次吃这么多食物，它不知道自己饱不饱，见到自己喜欢吃的就会不停地吃，一个劲儿地吃，吃个没完，直到自己吃得不能动了。可是，小鱼的身体那么小，怎么能消化那么多的食物呢？最后就会撑死的。所以，我们喂小鱼的时候要少喂，只要它们饿不着就好了。小鱼就能活很长时间，就能长大。我们小朋友也是一样，如果好吃的东西吃很多，就会上火，我们的小胃也会受不了，这样的话就会生病了。有可能还要打针、吃药，小朋友多难受呀！所以，我们和小鱼是一样的，都不能多吃，这样身体就能健健康康的。"

（张秀芹）

5. 幼儿总嫌小乌龟爬得慢，怎么办？

❓ **问题描述**

晨间活动时，我和幼儿共同观察乌龟，了解它的生活习性，观看乌龟走路，因为乌龟爬得很慢，明明用手推了推乌龟的后面，小乌龟不情愿地向前快速爬了两步，又停下来。这时，萌萌伸出脚踢了乌龟一脚，其他幼儿也竞相模仿起来。

🔍 **解读分析**

(1)幼儿善于模仿是他们的年龄特点，一位幼儿踢了乌龟见老师没有阻止或批评，就会有下一位幼儿效仿，或是变本加厉。

(2)对于小班幼儿对动物的习性尚不了解，看到慢吞吞的乌龟艰难地爬着，他们就想帮助乌龟爬得快一些，但并没有考虑自己的行为有没有给小动物造成伤害。

✅ **解决建议**

(1)针对现象教师首先应该开展"爱"的教育，激发幼儿热爱小动物的情感。可以通过图片、录像、幼儿户外游玩等活动，给幼儿创造更多的机会与小动物接触，使幼儿更多地了解小动物的生活习性，从而热爱小动物。

(2)日常生活和游戏中引导幼儿喜欢、爱护动植物，愿意参加饲养小动物、给植物浇水等活动，培养幼儿热爱大自然的情感。

（宋莉岩）

6. 万花筒是千变万化的吗？

❓ 问题描述

　　区域活动开始了，阳阳选择了科学区，只见他进入科学区就拿起万花筒，先是看了看万花筒的外面，但很快就知道从顶上的小孔里观察。他眯着一只眼，用另一只眼望着万花筒，嘴巴里嘟哝："里面好漂亮啊，有红的、绿的，还有黄色的呢！"我观察了他一会儿，发现他一直就握着万花筒不动，仔细地看，于是我跟他说："万花筒还有很多种花纹会变化呢！你有没有看到呀？"他说："我没有看到呀！我就看到一样的。""那你试着把万花筒底下的那一头转一转呢！要边看边转哦！"他重新拿起万花筒用手转了一下，可能旋转的那一头有点紧，他说："转不动！"于是我帮他用力转了一下，这下他兴奋地叫了起来："我看到图案在变化了。比刚才的还要漂亮！""那你继续再转，万花筒有很多很多种图案呢！"他高兴地点点头。他看了一会儿，跑过来告诉我："老师，我看到了很多很多漂亮的图案，你也看看吧！"我告诉阳阳："老师已经看过万花筒里的图案了，但是其他小朋友还没有看到过这些漂亮的图案，你能把你看到图案的方法告诉其他小朋友吗？"阳阳点点头，于是他拿起万花筒对边上站着的轩轩说："轩轩，我来教你看万花筒里的漂亮图案，里面有好多好多的图案哦！"轩轩点点头，接着轩轩也拿起万花筒开始在阳阳的指导下观察了起来。

🔍 解读分析

　　万花筒对于幼儿来说是新鲜的，虽然小朋友知道从万花筒的小孔来观察，但他们只会停留在单一的图案和方式来观察。今天的观察活动中，我没有直接告诉阳阳看到图案变化的方法，而是让他自己先动脑筋想想，但是失败了，这时我才告诉他可以转动万花筒的另一头试一试，这样阳阳经过自己的尝试看到了图案的变化，他的成就感就比较大。接下来我还让阳阳把自己的发现告诉其他小朋友，让孩子们在观察活动中有互动和交流，既锻炼了孩子们的交往又树立孩子的自信心。

✅ 解决建议

　　在活动中发现幼儿遇到困难时，教师应该先观察幼儿的行为举动，不能盲目地打断幼儿，观察清楚后，教师应先尝试有效引导改变，激发幼儿自己动脑的欲望，如果没有相应的改变，教师再和幼儿一起尝试，让幼儿自己发现其中的变化。

（杜婷婷）

7. 新小班如何创设自然角，是否动植物多多益善？

❓ 问题描述

新小班自然角中，教师为幼儿提供了多种可供观察的动植物，植物有长寿花、发财树、多肉植物、大力菊花等，动物有小金鱼、小乌龟、蜗牛等，还有各种水果娃娃。孩子们每天都会饶有兴趣地去观察，去触摸！我问："这是什么花呀？"孩子们摇摇头。"你认识哪些花呀？"孩子们又摇摇头。

🔍 解读分析

教师在为幼儿创设自然角时，选择动植物总认为越多越好，提供给幼儿尽可能多的种类，让幼儿有更多观察选择的机会，希望在对多种动植物观察的同时增加各种经验。其实，小班幼儿年龄特点决定他们还不具备选择观察的能力。《指南》提出成人要善于利用自然和实际生活机会，帮助幼儿不断积累观察经验，并运用于新的学习活动，形成受益终身的学习态度和能力。

✅ 解决建议

动手探究是幼儿满足好奇心、找到问题答案的必由之路。好奇、好问是幼儿探究的动力和前提，而动手操作又是幼儿探究的真正开始。因此，教师应多为幼儿提供阶段性、主题性的材料，根据近期教育目标不断丰富和更换材料，吸引幼儿永远保持对自然角活动的兴趣。

教师要创设有利于幼儿通过摸一摸、看一看、听一听、尝一尝、闻一闻等不同方式感知和探索的环境。教师和幼儿可一起探索，引导幼儿通过探索、尝试等活动。

（宋莉岩）

8. 幼儿总是无目的地玩放大镜，怎么办？

❓ 问题描述

今天，活动区游戏时，几名幼儿选择了科学区玩耍，他们搬好椅子就自己选择喜欢的玩具玩了起来，这时，我看到一名幼儿选择了放大镜，他拿起放大镜放在眼前看了一下便放了下来，然后便拿着放大镜在班里漫无目的地玩了起来。

🔍 解读分析

刚开学时，班里创设了科学区并投放了相应的材料，每天都会有很多幼儿选择科学区玩耍。由于开学初期，幼儿对科学区投放的材料还不是很熟悉，而且也有部分幼儿对单一的放大镜兴趣不高。就会出现一些无目的玩耍的幼儿。又因为小班幼儿的年龄特点就是对新鲜事物感兴趣，充满着好奇心，所以会有幼儿拿着放大镜这看看，那看看。

✅ **解决建议**

（1）丰富投放材料，支持幼儿进行游戏。投放可用放大镜观察的材料，如大小不同的图形、图画（上边的物体很小）方便幼儿使用放大镜进行观察。

（2）投放不同类型的放大镜，吸引幼儿兴趣。

（郑寅初）

9. 幼儿不会玩颜色科学玩具，怎么办？

❓ **问题描述**

我们班根据主题"好玩的颜色"，在科学区投放了颜料让幼儿进行"颜色变变变"的游戏，孩子们看到这些颜料，可开心了，都在选着自己喜欢的颜色进行涂画，并没有人把两种颜色放在一起探究颜色变化的过程。

🔍 **解读分析**

（1）区角材料投放时，我投放了四种主要的颜料，目标是让幼儿通过操作两种颜色混合在一起的过程观察发现颜色的变化，从而体验探究的乐趣。可是幼儿一下子就被好看的颜色吸引住了，他们对鲜艳的颜色非常敏感、喜爱，这是幼儿直观形象思维特点。

（2）小班幼儿尚属于无目的游戏阶段，再加上幼儿不太了解这个游戏，不知道只要有了三原色，就可以调出好多种颜色，在游戏前没有充分调动幼儿探索的积极性。

✅ **解决建议**

（1）教师是孩子的引领者，要时刻把握好教育目标，根据孩子在活动中的表现应适时地给予支持，使孩子始终沿着目标要求探索体验操作的乐趣。科学活动要给孩子足够的空间、时间，让孩子大胆操作各种材料，师生共同讨论得出结论。

（2）在活动中，教师应该在发现幼儿游戏出现问题时，使用陪伴策略，主动要求加入他们的游戏中，通过自身的示范、练习，引导幼儿参与，激发幼儿对颜色活动的探索欲望，达到活动的整合。

（3）教师在提供材料时，应在备用的瓶子上贴上两种或三种颜色标记，指导幼儿初期按标记颜色倒入颜料，搅拌一下后看看有什么变化，倒入三种颜色再观察发现了什么？逐步引导幼儿掌握游戏规则后，教师再提供不贴颜色标记的瓶子，请幼儿自主探究、发现。

（刘　蕊）

10. 幼儿不会正确玩声音科学玩具，怎么办？

问题描述

科学区投放了"杂音筒"的玩具，孩子们都对这个用胶卷盒子做成的小音筒特别感兴趣，但是最近有的小朋友也会把音筒来回摇动，还有人把音筒搭高变成了一座高楼，有的还会把它放在桌子上滚着玩。孩子们不能使用正确的方法来玩玩具。

解读分析

小班幼儿对周围世界充满浓厚的兴趣，对新鲜事物具有强烈的好奇心，在拿到一样玩具时，既喜欢操作摆弄，同时也能认真看、听成人讲解，并试着改变玩法。看到新奇的事物会主动接近，探索其中的奥秘。这套材料一物多用本身就是非常好的，孩子的创意想法教师不要去否定，而是要鼓励孩子的想法，让孩子从探索中得到更多的发展。

解决建议

教师要解放幼儿的思维，让他们的创造潜能得到充分地发挥，而不是跟随着教师的思维方式去寻找某个问题的固定的、唯一的答案，让幼儿在直接感知、实际操作、亲身体验中感受科学探究的过程，体验科学发现的乐趣。一方面，教师在活动中应该耐心地倾听孩子的问题和讨论，对孩子多一些欣赏，使教师成为与孩子共同探索讨论的伙伴，从观察、了解到理解孩子，在真正的师幼互动中促进幼儿的发展；另一方面，教师要随时观察幼儿的游戏兴趣，及时调整材料，分层次不断引导幼儿进行深度探索。

（刘　蕊）

11. 不会正确玩传声筒玩具，怎么办？

问题描述

孩子们吃完了早饭，自主选择区域游戏，琳琳选择的是科学区，她走到科学区的地方一眼就看到了自制的纸杯电话玩具，她高兴地把玩具放在了桌面上开始摆弄起来。她自己正玩着，壮壮走了过来，琳琳对壮壮说："你可以和我一起玩这个吗？"壮壮点点头，拿起另外一边电话，两个人要不就是都冲着纸杯大喊，要不就是一个小朋友把纸杯放在耳边另一个小朋友大声地说话。我听到叫声走了过来。"你们试试把电话线拉直，一个小朋友小声音说话，另外一个小朋友把小电话放在耳边。"他们高兴地笑了。

Q 解读分析

　　小班幼儿的年龄特点思维属于直觉行动思维。由于小班幼儿的科学知识经验贫乏，因此小班科学探索活动的内容和材料应多来源于幼儿的生活。适宜的材料是引发小班幼儿开展科学探索活动的重要因素。

✓ 解决建议

　　(1)教师应该以孩子能理解的方式去引导关注材料的操作及所发生的结果和变化，引导他们思考操作的过程与结果的关系。

　　(2)丰富孩子的生活经验，平日可以利用多媒体为孩子播放科学知识短片。

（朱　宁）

12. 幼儿在科学区进行传声筒游戏时，总是听不到对方的声音，为什么？

? 问题描述

　　今天，幼儿像往常一样选择自己喜欢的活动区。这时，我发现，选择科学区的年年和大琪在玩传声筒，但是他们好像没有很成功，两个小朋友愁眉苦脸的。我走上前，他们向我询问："老师，为什么我和大琪用传声筒没有听到声音啊？是不是传声筒坏了？"我让他们把刚才怎么玩的再给我演示一遍。我发现他们的传声筒的电话线根本没有抻直。我告诉他们："电话线没有抻直，所以听不见小朋友的声音。"他们把电话线抻直后，就开始说上了悄悄话。

Q 解读分析

　　小班幼儿对周围的很多事物和现象感兴趣，喜欢好奇地摆弄物品，但持续的时间较短。小班幼儿在游戏活动过程中，有时会忘记游戏的方法规则。幼儿只记得传声筒需要两个小朋友一起进行游戏，却忘记了游戏要求。

✓ 解决建议

　　(1)在科学区，向幼儿提供游戏玩法。可以出示图片玩法。

　　(2)可以带领幼儿一起制作传声筒。

　　(3)进行科学活动，探索了解传声筒的线是通过固体传播声音的。

（邓　潞）

第二节　中班科学区活动组织中的常见问题

一、兴趣与习惯

1. 幼儿不想去科学区游戏，怎么办？

❓ 问题描述

　　早饭后，孩子们陆续拿着进区卡选择区域活动。几名幼儿把进区卡快速地放进了建筑区、美工区、美发厅、表演区等区域。这时候，宣宣说："这几个区都满了，我们只能选择图书区和科学区了。"然然说："那我们去看书吧，科学区还是别去了。"我走过去问："你们为什么都不选择科学区呢?"然然说："我不喜欢科学区。"萱萱说："我也去图书区，我不去科学区。"通过进区卡互动墙饰的统计，科学区成了活动区的冷门区域。我采访了几名幼儿不喜欢去科学区的原因。孩子们有的说："科学区的游戏都玩过了。"有的说："科学区的放大镜，我不知道可以观察什么。"有的说："气球的打气筒被小朋友玩坏了，气球只能用嘴吹。"有的说："科学区的磁铁也没有意思了。"

🔍 解读分析

　　皮亚杰曾说过："儿童的智慧来源于操作。"而操作是要借助于材料的，所以区域材料的投放是区域活动实施与开展的核心。操作材料是区域活动的灵魂，是幼儿学习内容的载体，是区域活动目标得以实现的不可或缺的前提。作为教师就要为幼儿提供各种丰富而有意义的、有趣而又符合幼儿能力发展的材料。

　　中班幼儿选择区域的追随性凸显，经常在一起玩的幼儿喜欢扎堆进入同一个区域进行游戏活动。孩子们更多的喜欢唱歌、跳舞、绘画、搭建等活动。孩子们喜欢可操作性强的活动。相比之下科学区进入了冷门区，活动材料不够吸引幼儿，投放的材料单一，不能一物多玩，不能满足幼儿的兴趣，导致干枯无味。不能够支持幼儿当前发展需求，不能够激发幼儿的好奇心和探索的欲望。如幼儿喜欢吹气球，但是幼儿对气球的热情很快得到了缓解，慢慢地很多幼儿不再用打气筒去吹气球。还有吸铁石等活动没有更多的辅助材料进行互动游戏。摆弄过后就放在了一边，可操作性满足不了幼儿的求知欲与兴趣。

✅ 解决建议

　　(1)根据投放的原有材料进行情景式、游戏性、可操作性、探索性的加工。

使材料一物多玩，提升幼儿的探索兴趣。如制作磁铁相关游戏"海底探宝"提升材料的可操作性，感受磁铁的特征，看一看磁铁可以吸出什么东西来。丰富材料的可操作性。

（2）根据幼儿兴趣点及游戏水平定期更换活动区的游戏材料，保证材料的新颖性，激发幼儿的探索欲望。

（3）根据近期幼儿的发展目标，有选择性地投放材料。

（4）调整幼儿做实验的材料，通过对实验的猜想与验证过程，最终可以进行记录的活动。

（孙义杰）

2. 幼儿在科学区探究中遇到困难，怎么办？

❓ 问题描述

活动区投放了新的科学材料，有的幼儿在做果汁的实验，有的在玩磁铁游戏，垚垚拿起了电路玩具翻来覆去地摆弄着，他说："这个怎么玩呢？"旁边的航航看到后打开电路玩具的示意图并按照步骤选择电路材料尝试拼装，他拿起了一条红色的导电线和一条蓝色的导电线，看了看示意图又找到了一块含有正负极的导电体，根据示意图的提示，将红色线和蓝色线的一头夹在导电体的接头上。另一头分别接上了一个灯泡，可是实验并没有让灯泡亮起来，当我正要介入幼儿的活动时，航航说："红色线的接头应该和蓝色线的接头换一下位置。"通过尝试操作，不一会航航大声叫道："老师，你看我成功地让灯泡亮起来了。"我很赞赏地表扬他真聪明能干。这时候，旁边一直摆弄材料的垚垚也说："老师，我也想让灯泡亮起来。"我对航航说："你愿意帮助垚垚，一起让灯泡亮起来吗？"本来以为他会痛快地答应，却听到他说："我不想。"我问："你这么棒，为什么不愿意帮助他呢？"航航说："这个实验太简单了，他可以看着步骤图试试。"可是垚垚却说："那我不想玩了。"

🔍 解读分析

《指南》中指出科学领域的核心是激发幼儿的探究兴趣，体验探究过程，发展初步的探究能力。在此案例中，能够看到两位幼儿初步探究能力的个体差异性。垚垚是无目的地摆弄电路材料，航航却可以通过观察、动手操作、体验探究的过程获得初步的探究能力。科学区是体现幼儿自主学习与探索的活动，是在与材料、同伴互动的过程中提升经验从而获得发展。案例中，航航在与材料的互动中获得让灯泡亮起来的经验。垚垚最终却选择了放弃，失去了继续探究的兴趣、不具备初步的探究能力，导致幼儿最终不愿意在继续做这个实验。

✅ **解决建议**

(1)加强材料的趣味性，以闯关游戏大挑战、挖宝藏等游戏的形式探索材料并激发幼儿的探索欲望。

(2)鼓励能力强的幼儿带动能力弱的幼儿共同合作，在同伴的影响下获得发展。

(3)将游戏材料以不同难度的层次进行投放，根据幼儿的游戏水平自主选择，照顾幼儿的个体差异。

(4)教师以游戏者的身份介入幼儿的活动中，与幼儿共同比赛，看谁在指定时间内先完成实验。

（孙义杰）

3. 科学区的材料引发不了幼儿探究兴趣，怎么办？

❓ **问题描述**

通过一段时间的观察发现，孩子们在自选活动区的时候，出现了这种现象：大部分孩子会经常选择建筑区、表演区、小吃城(角色区)、美工区等，而只有几个固定的小朋友会选择科学区，就算来到科学区也是选择那些拼插玩具进行游戏，很少有孩子去选择具有探索性的玩具进行操作和探究。针对此现象，我随机采访了几名幼儿。子玉看了一下科学区的材料，然后继续画自己的作品，对我说："科学区的实验我已经都做过了。"乐乐一边玩着插片一边说："电力的玩具太难了，总是拼不好，不能让小灯泡亮起来。"

🔍 **解读分析**

首先，科学区的材料投放比较单一，操作性不强，缺乏趣味性，没能激发幼儿的探究兴趣。其次，科学区中有些实验操作起来比较复杂，不容易呈现结果，导致幼儿受挫后失去信心，很难再坚持下去。《指南》中指出：幼儿的科学学习是在探究具体事物和解决实际问题中，尝试发现事物间的异同和联系的过程。本年龄段的幼儿喜欢动手操作，体验探究的过程。然而植物的生长变化是一个漫长的过程，对于幼儿来说也很难坚持观察。

✅ **解决建议**

(1)建议教师多为幼儿投放一些可以操作的、多变化的、多功能的玩具材料或废旧材料，鼓励幼儿拆装和操作。如会跳舞的小人、小人长头发、海底探宝等，投放到科学区中，幼儿可以在反复操作和体验的过程中感受科学材料带来的乐趣。

(2)在与幼儿一同游戏的过程时，鼓励幼儿在操作中说一说自己的发现或者提出问题，引导他们猜一猜、想一想，和幼儿一起做一些简易的、有趣的小实验。

（孙义杰）

4. 幼儿在创设自然角活动中，不遵守规则，怎么办？

❓ 问题描述

春季来临，为了让孩子们更好地直观感受植物生长过程。班级里创设了"植物角种植观察区"，孩子们纷纷从家里拿来了自己种的小植物。老师引导小朋友排着队一个挨着一个把自己拿来的植物放在窗台上，小朋友按着老师的要求有顺序地把植物放好，到子然小朋友放植物的时候，她拿着她最喜爱的风信子跑到前面把植物放到了最前面的位置。这时，有的小朋友说："老师，子然她不挨着放！"子然说："老师，我想把我的植物放在最前面！"接着美萱、慧慧还有灏灏都说："我也想把植物放在窗台的最前面。"后面的小朋友也想把自己的植物放在最前面。

🔍 解读分析

中班幼儿的好奇心与探索的欲望逐渐加强。幼儿爱护动植物，对照顾动植物很感兴趣，所以幼儿都想把自己的植物放在窗台的最前面，这样他们觉得照顾植物比较方便，容易为植物浇水，更容易观察它们的变化。但是都要把植物放在最前面，花盆会出现拥挤，照顾小植物的时候也容易将植物碰到，根据幼儿的问题可以进行讨论，让幼儿找出解决的最好的办法。

✅ 解决建议

(1)利用集体教育活动与幼儿谈话"为什么不能都把植物放在最前面"，引导幼儿共同解决问题。

(2)了解植物的特征，知道什么植物是观赏植物需要少浇水可以放在远一点，什么植物需要多喝水放得近一点。什么植物需要照射阳光，什么植物是不需要阳光的，根据植物的特征摆放位置。

(3)教师提供花架子，可以让幼儿都方便照顾自己的植物。

（种　迪）

5. 磁铁不好玩了，怎么办？

❓ 问题描述

过渡环节的时候，有的幼儿很喜欢玩班级的拼板，一会儿拼数字，一会儿拼成不一样的图案……于是，在探索区里，投放了各种材料（条形磁铁、螺丝、钥匙、曲别针、布条、玻璃珠等）供幼儿实验。每次区域游戏时，都有许多幼儿参加，雯雯随意地用磁铁寻找着铁制品，彤彤很认真地逐一尝试，思涵发现曲别针能一个一个地被吸成串，提起来后不会掉，兴奋地说："真好玩！"孩子们玩得不亦乐乎。可是，一段时间后，探索的孩子渐渐就少了，有的幼儿说："太简单了。"有的幼儿说："我玩一遍就知道啦，磁铁能吸铁的东西，不想玩了。"

🔍 解读分析

中班幼儿对生活中有接触但不太熟悉的事物更容易表现出强烈的探究兴趣，喜欢观察特征明显、多元、有变化且好玩的事物与现象。在磁铁的探究游戏中，中班幼儿探究的目的性比小班增强许多，不过他们的探究兴趣仍然是比较浅显的，在实验探究过程中遇到困难时容易放弃或模仿同伴成功的操作，而无意于深入探究。

✅ 解决建议

中班幼儿开始以具体形象思维为主，其探究的视野从点扩大到面，对事物的判断十分依赖其当前感知与已有经验的连接。针对幼儿缺乏探究意识不想玩的情况，首先，教师可以设置游戏情境，增加材料，激发幼儿持续地进行探究。比如"沙中寻宝"，设置沙盘，装有积木、曲别针、螺丝、玻璃珠、瓶盖、毛线等不同材质的材料，让幼儿在沙中用磁铁寻找"铁矿"，比一比看谁找得多。其次，可以结合美工区制作"会跳舞的小人"，请幼儿绘画自己喜欢的人物，放在各种板上（纸板、玻璃板、吹塑板、木板等），增强探究的趣味性，看一看人物能在哪块板上动起来。随着幼儿认识磁铁的深入，相关经验越来越丰富，教师可以继续丰富材料，提供放置磁铁的模型小车上，让幼儿利用磁铁的原理探究谁的小车跑得快或者是实验汽车如何前进或后退，增加探究的趣味性和挑战性，让他们在亲历科学探究的过程中体验科学发现的乐趣。

（刘凌云）

6. 幼儿在科学区游戏中缺乏耐心，怎么办？

❓ 问题描述

在进行区域活动的时候，辰辰进入了科学区玩起了磁铁拼图，一开始，他很安静地对照着图案拼着自己手中的拼板，过了一会儿，他开始烦躁起来，坐在椅子上说："哎呀，怎么老是拼不上啊？"说完，把其中的一块拼图狠狠地扔进了玩具筐里，然后把拼板玩具收了起来，拿起了万花筒开始转动，看里面变换的各种图案，玩了一会儿又拿起了放大镜。

Q 解读分析

耐心是一个良好的习惯，是需要坚持的一个过程。在科学区游戏中，幼儿选择了拼图说明他对材料很感兴趣，在游戏的过程中，因为某一块拼图而放弃了游戏，说明幼儿一方面遇到了困难不会解决，另一方面对拼图的方法要领还没有掌握好，需要教师的介入和指导。

✓ 解决建议

(1)利用区域活动评价时间可以和幼儿一起交流和讨论：在区域游戏中遇到了哪些困难？如何解决困难的办法？或者分享游戏中你最喜欢的科学游戏和科学玩具是什么？给予幼儿肯定与鼓励，帮助幼儿解决游戏中的困难和问题，建立自信心。

(2)需要教师在材料投放时，提供一些有难度的材料，供幼儿挑战，不断地挑战与刺激可以促进保持幼儿对科学探究的兴趣。

（种　迪）

7. 小植物为什么不受幼儿的关注了？

❓ 问题描述

新学期初，孩子们带来了每人一份的不同种类的植物，早上一来就把植物给了老师，还兴高采烈地跟老师介绍自己的植物名称、种类。老师把它们整理好放到了自然角里。并做了观察记录表，挂在了自然角。在过渡环节中老师让孩子们介绍了所有植物的名称和特点。悠悠说："我带的植物叫碰碰香！它的特点是只要用手一触摸到叶子，这盆花就会散发出香气，所以它叫碰碰香。"班里的其他幼儿瞪大眼睛、目不转睛地听悠悠说。轩轩说：我带的植物叫草莓，你们看这颗草莓是我在家和妈妈一起养的，都红了，妈妈说再长大一点这颗草莓就可以吃了。"介绍完植物我把班中的自然角整理好。每次过渡环节时，孩子们都惦记着自己的植物，三三两两围过去看看、摸摸、记录着。久而久之，突然发现幼儿记录的结果差不多都比较相似，自然角也变得冷清多了。

Q 解读分析

自然角是幼儿园的一个活动区角，中班幼儿观察能力与小班相比有明显提高，对事物的兴趣度增加，他们既然能主动来到自然角观察植物的变化，教师就要激发和支持幼儿观察的欲望，引导幼儿进行更多的探究和发现。幼儿每次都能发现不同的变化，总有新鲜的尝试，他们自然会越来越感兴趣。教师还要对自然角里的植物进行有序地呈现，来凸显观察重点，从而引导幼儿有目的、有顺序地进行观察，对幼儿不断提出一系列的有效问题，来激发幼儿更深入细致地观察探究，从而使他们在自然角中获得更多的发现。

✅ **解决建议**

自然角里的植物摆放大多很随意。教师常常只是从审美的角度出发加以组合来呈现各种植物。因此，教师应该根据实际情况、季节特征等进行有序地呈现，有所侧重地组织幼儿进行观察，有对比地放在一起，让幼儿直观地可以看出每个植物的特点与不同，从而引导幼儿有顺序地观察每一株植物的变化。让孩子更有效地了解每一种植物的生长特征。

（杜婷婷）

8. 科学区投放了新玩具，幼儿不感兴趣，怎么办？

❓ **问题描述**

中班刚刚开学，我们给孩子们投放了新的玩具磁铁，也给孩子们放了一些碎纸、回形针、小铁球、小吸管等引导孩子们做实验，看谁的材料可以被磁铁吸起来。可是通过观察，我发现孩子们对这个新玩具并不感兴趣，选择玩这个玩具的孩子也只是把所有材料都混在一起，并不会用磁铁来试验。

🔍 **解读分析**

《指南》中科学领域的目标："喜欢接触新事物，经常问一些与新事物有关的问题。"说明我们在区域投放的材料，不能吸引幼儿，幼儿不能产生新鲜感。在操作时，幼儿不能感受到乐趣。在目标中还有一条"常常动手动脑探索物体和材料，并乐在其中"。我觉得是孩子们不愿意对新的玩具进行探索，他们更喜欢选择自己玩过的玩具。当这样的情况发生时，教师可以通过适当的方法引导幼儿，激发幼儿对新玩具的兴趣。在投放玩具时也要根据游戏的需要，有顺序地投放。

✅ **解决建议**

(1)教师介绍玩具时，先介绍一种游戏方法，引导幼儿通过自己动手实践发现更多的游戏方法，在活动区评价时让幼儿自己介绍新玩法。

(2)教师还可以在现有材料的基础上引导幼儿参与实验，增加游戏的兴趣，通过多种方法来促进幼儿对新玩具的兴趣。

（薛敏瑶）

9. 幼儿在科学区只喜欢实验操作不喜欢记录，怎么办？

❓ **问题描述**

这天，我们像往常一样吃过早饭，孩子们自主选择区域活动，我在旁边观察着。我发现小小在科学区做实验，我走近他继续观察，我发现小小只是进行了磁铁实验并没有把实验结果记录到教师之前准备好的记录表中，实验还是进行很顺利，在区域活动结束后，我请小朋友们对今天的活动进行分享，小小的手举得高高的，特别希望和小朋友们分享他的实验。我请他到前面来进行分享，可是他说到一半后就把后面怎么做的忘记了，实验的结果也说不出来了，急得小小眼泪都要流下来了，我对小朋友们说："小小今天的实验其实很成功，但是他忘记了把实验过程和结果记录到记录表上，所以在他介绍时就不记得了，小朋友在试验时把过程和结果记录下来这样我们就不会忘记了，还可以让以后做实验的小朋友有个参考。"听了我的话，小小对我说："老师我记住了，以后我绝对不会忘的。"

🔍 解读分析

幼儿在进行磁体实验时，只注重到了实验的过程，忽略了记录实验的重要性。小小符合了《指南》中指出的中班幼儿"常常动手动脑探索物体和材料，并乐在其中"这一目标。但是却没有达到"能用图画或其他符号进行记录"这一目标，所以教师应针对这一特点，对幼儿进行引导。

✅ 解决建议

(1)在区域活动时，和幼儿一起进行试验，并进行记录，让幼儿了解如何记录。

(2)可以通过一节科学实验课，和全体幼儿一起学习和了解如何对科学区的实验进行记录。

（薛敏瑶）

10. 幼儿在观察自己带来的小植物时，不知道如何爱护小植物，怎么办？

❓ 问题描述

我们班的小朋友自己在自然角中种植了一些植物，在过渡环节中他们去给自己的植物浇水并观察它们的生长变化。一天中午，调皮的然然用手去拔别的小朋友带来的麦苗，骏骏看到连忙阻止："不行，死了怎么办？"骏骏把小苗用手摆正对他说："不要拔小苗苗，它会死的。"然然说："它不会死的，给它浇水就行。"

🔍 解读分析

中班幼儿初步萌发了对植物的兴趣。喜欢观察大自然的事物，学会了运用感官去感知自然物。他们对动物最感兴趣，相比之下，植物的变化比较慢，孩子们对植物的兴趣关注的就少一些。但是，孩子探究的欲望与好奇心增强的同时，对植物的爱护与保护的意识就弱一些。

✅ **解决建议**

(1)可利用有效时机引导幼儿观察幼儿园里的植物，通过各种形式引导幼儿感知植物给我们带来美的享受的同时还给我们带来很多的益处。

(2)可以围绕"怎么样让这样的美不会被破坏"引发孩子进行讨论，增强幼儿爱护植物的意识，一方面可以和幼儿讨论共同制定观赏植物的规则；另一方面通过制作宣传牌等形式提醒幼儿保护植物。

（种　　迪）

11. 在探究活动中如何满足幼儿的游戏需求？

❓ **问题描述**

班上一位小朋友把买的风车带到了幼儿园，户外活动时这个能转起来的风车吸引了所有的孩子们。接下来的几天里孩子们陆续从家里带来了各式各样的风车，在玩风车的过程中孩子们发现纸做的风车很容易就破损坏掉，"用什么纸制作风车更好?"成了孩子们争论的话题，他们都要自己制作风车，并且还提议要进行风车比赛。于是，班级开展了"制作风车"活动，让幼儿在制作风车、玩风车的过程中探索什么纸适合做风车。

科学区里轩轩和亮亮很认真地组装小风车，轩轩制作后，用嘴吹了吹，小风车慢慢地转动了，他高兴地告诉亮亮："我的小风车转动了。"亮亮的小风车也制作完成，他用手摇了摇，小风车没有动，又用手指拨动了几下，小风车慢慢转了起来。轩轩说："咱俩比赛吧。"轩轩点了点头。他们兴奋地一个用嘴吹，一个用手拨，小风车转呀转，引来了旁边的小朋友驻足观看。亮亮说："我都吹累了。"轩轩也说："怎么才能让风车转得更快呢?""咱俩跑起来，小风车就能转得快了。""不行，不能在教室里跑，很危险的。""那怎么办呀?"俩人不知所措了。

🔍 **解读分析**

《指南》中指出：4～5岁的幼儿已经具备了遵守规则的意识。在探索"怎样让风车转得更快"的游戏中，孩子们提出了在教室里奔跑，这一规则与班级常规相矛盾，制约了孩子们的游戏。奔跑是孩子们最喜欢的活动。所以在游戏时他们也会以奔跑来表现自己处于高涨的情绪中。这个游戏的确很吸引人，可是他们如果旁若无人地奔跑，既危险又影响其他的幼儿。这种探究兴致高涨与常规培养发生矛盾时，首先教师要理解幼儿的好奇心，保护幼儿的探究欲望，并加以鼓励和引导，培养幼儿良好的游戏常识和良好的学习习惯。

✅ **解决建议**

(1)教师以问题引发幼儿讨论："探秘小风车在哪里玩儿更合适？""用什么方法可以让风车转得更快？"引导幼儿积极参与讨论达成共识，培养幼儿养成良好的游戏常规。

(2)教师可以为幼儿的游戏开辟出较大的游戏空间，如楼道，可以让孩子们跑一跑，比一比，进行风车的比赛。

(3)利用户外的时间让孩子们充分地玩风车，体验科学活动的乐趣。

（董世英）

二、知识与技能

1. 怎样帮幼儿解答有关科学活动的问题？

❓ **问题描述**

过渡环节中，幼儿来到自然角照顾自己的小植物，有的浇水，有的拿着放大镜在观察，有的拿着听诊器听一听植物。这时候俊俊问："为什么我的植物长歪了？"萱萱问："为什么我的植物浇水了还躺着？"然然来到了养殖区，哭着说："为什么我的小鱼死了？"萱萱说："是不是你没有喂它饿死了？"然然说："老师说鱼不用老喂，饿不死的。"萱萱问："那是不是你没有给小鱼换水啊？"然然说："我不会给它换水。"这时候我对然然说："你去摸一摸水的温度吧。"孩子摸了摸说："水是温的。"我追问："你们想一想为什么水变温了？"萱萱说："因为阳光把水晒热了。"我问："那你们认为小鱼喜欢在温水里还是冷水中生活呢？"然然说："我的小鱼可能不喜欢在温水里生活就死了。"孩子们了解了养鱼的环境是很重要的。

🔍 **解读分析**

幼儿对好奇的事物喜欢问为什么，中班幼儿的好奇心和求知欲在不断萌芽，孩子们喜欢观察与探索，愿意照顾动植物，在案例中，有的幼儿不知道为什么植物歪着长，不了解植物的追光长的特征，有的幼儿问为什么浇水的植物还是老躺着，孩子们不了解植物的特点，没有充足的阳光也会导致花的枯萎。浇水的多少也会影响植物的成长。然然的小鱼死了，孩子没有养鱼的经验，对小鱼是饿死的还是撑死的、水温是否合适或者没有换水死的等一系列的问题答案进行猜测。孩子的疑问很多很多。根据案例中的问题帮助幼儿找到问题背后的原因，满足幼儿的好奇心与求知欲。

✅ **解决建议**

(1)与幼儿一起做实验，如将植物种在一个黑色的瓶子里有不同的出口，只有一个出口是有阳光的。当植物从有阳光的出口长出来的时候，引导幼儿发现植物追光长的特性。

（2）与幼儿一同了解不同植物的生长特点，例如：哪些花是不用晒太阳的？哪些花是需要多浇水的？引导幼儿做记录，能够根据生活经验去照顾植物。

（3）将小鱼死了的问题生成教育活动，与幼儿一起讨论小鱼为什么死了，针对如何拯救小鱼的方法进行讨论。将幼儿的解决办法以绘画的形式表现出来，并创设在养殖区，供幼儿参考。

（孙义杰）

2. 自然角里的小乌龟为什么越来越不爱动了？

❓ 问题描述

清晨，婷婷和小轩在给自然角的小花浇水，突然小轩大声地叫起来："小乌龟怎么不动了，我今天都来看它好几次了，它老是不动，是不是死了？"旁边的幼儿赶紧围过来看。"小乌龟真的不动了""小乌龟是不是死了？"孩子们议论纷纷。接下来的几天都有小朋友来看小乌龟。"小乌龟为什么不动了？""小乌龟是不是真的死了？"

🔍 解读分析

孩子的话，看似平常，仔细分析会发现他们都对自然角很感兴趣，喜欢关注自然角里动植物的变化。但是对乌龟冬眠的习性不够了解。

✅ 解决建议

（1）《指南》中明确指出，中班幼儿能感知和发现动植物的生长变化及其基本条件，体验季节对动植物和人的影响。教师平时要多对幼儿进行自然科学方面的教育，多帮助幼儿积累这方面的知识。

（2）幼儿对一些自然科学小现象很喜欢，兴趣很高，支持和鼓励幼儿自发的观察活动，并及时赞赏。支持幼儿在接触自然、生活事物和现象中积累有益的直接经验和感性认识。

（3）引导幼儿关注和思考动植物的外部特征、习性与生活环境对动植物生存的意义。

（4）通过提问的方式，引导幼儿思考并对小乌龟有意识的比较观察和联系观察，在观察的基础上通过故事《月亮蛋糕》，丰富幼儿的知识，了解小乌龟冬眠的习性。

（5）扩充知识，了解除了小乌龟，熊、青蛙、蛇、刺猬……也都冬眠。

（曹伟红）

3. 幼儿在玩天平实验时，怎样保持物体的平衡？

❓ 问题描述

区域游戏开始了，优优和君君玩起了天平。优优首先把砝码1放进了左边的托盘，右边的托盘高高地翘了起来。君君连忙放了一个砝码2到空的托盘里面，可是又不平衡了，左边的又翘起来了。君君看着天平皱起了眉头说："天平怎么总也平衡不了呢？"优优看见了说："应该两边放一样重的东西才能平平的。"说着，他拿下了砝码2，放了砝码1，这样就一样平了。这时，我表扬了优优爱动脑筋。接着我启发他们，如果把砝码2放上去，通过什么办法可以使它们平衡呢？君君大声说："可以在少的托盘里再放一个！"我说："你们可以试一试！"两个人继续游戏。

🔍 解读分析

材料的投放激发了幼儿自主探索的欲望与兴趣，通过对游戏的思考，两名幼儿一直在科学区中专注地参与游戏。体验探索的过程，发现问题尝试去解决，不能够解决的时候能够找老师求助。教师作为幼儿活动的支持者，应该以游戏者的身份参与活动并帮助幼儿解决困难。提升难度，让幼儿更加有兴趣地进行探索和思考。

✅ 解决建议

(1)遇到问题，教师不能盲目地说出办法，可以在游戏中带领幼儿一起进行探索，并能提出问题让幼儿自主寻找答案，进行提升。

(2)教师还可以利用幼儿遇到或提出的问题，结合知识，在探索中寻找答案，并借此机会发现新的问题和解决办法，让幼儿更有兴趣地进行探索。

（杜婷婷）

4. 在自然角怎样帮助幼儿认识植物的根和果实？

❓ 问题描述

"老师，藕是根吗？"活动区时几个小朋友在观察藕时进行了激烈的讨论。"不对，不对，藕是茎，根可不是这个样子的。"听到卉卉的提问，旁边的辰辰赶忙解释起来，俨然一副小老师的模样。"我觉得藕就是荷花的根，它不是长在土里的嘛，植物的根都是长在土里的呀！"雍雍皱着小眉头，认真地从自己生活经验中寻找着思考与表达的依据。"不对呀，植物的根应该都是长长的呀，有的根还长得特别细呢。"就这样，卉卉的"疑惑"一下引发了众多同伴的争议。我对孩子们说：

"有的小朋友认为藕是根，有的小朋友认为藕是茎，你们能说说自己的理由吗？"我的问题一下难住了孩子们，大家都沉默了，彼此间争相表达与讨论的气氛一下沉寂下来。从表达中可以看出，孩子们这方面的直接经验确实比较欠缺。于是，我对孩子们说："猜和感觉不能算是理由啊。今天回家后和爸爸、妈妈一起找一找答案，明天来幼儿园再告诉我，好吗？"

解读分析

在幼儿学习能力的发展过程中，发现与探索是非常重要的。真正决定幼儿能够走多远、爬多高的不是幼儿头脑中的知识量，而是幼儿发现问题、提出问题，以及解决问题和获得知识信息的能力，这些才是获得该能力的基础。

解决建议

教师在指导自然角时，要有目的地引导幼儿观察，让幼儿对问题大胆提问。幼儿是学习的主体，只有调动他们学习的兴趣，自己发现问题、提出问题、解决问题，在家庭和幼儿园之间达成共识，密切合作，才能实现教育目标。教师应抓住幼儿提出问题的契机，并借助问题，提高幼儿的主动性。

(李思阳)

5. 自然角里设置了小蚂蚁观察箱，怎样引导幼儿细致地观察？

问题描述

春天来了，新学期班级自然角里出现了可爱的小蚂蚁观察箱，孩子们每次选择自然角后都喜欢围在小蚂蚁的巢穴前面，问题源源不断。"呀，你看你看它们在往巢里搬什么呢？""你看那只小蚂蚁在挖洞洞呢！"一直认真观察不说话的浩辰提出了一个问题，一边问还一边用小手指着蚁巢里的小蚂蚁："你看，它们在搬食物之前都用小触角碰一碰食物呢！为什么呢？"小朋友们纷纷回答："它在尝这个东西它爱吃不爱吃！""不对，它就是想活动一下自己的小触角。"蚁巢这边的"激烈"争辩，相比之下在一旁的小乌龟和小金鱼反而被"冷落"了，为什么他们对小蚂蚁的兴趣这么大呢？小乌龟和小金鱼为什么他们不喜欢呢？

解读分析

小乌龟和小金鱼在孩子们的家中很普遍，大部分孩子在家中就可以观察得到，从而对这两种小动物失去了兴趣，对于孩子来说可爱的小蚂蚁在家中观察不到，他们对于小蚂蚁的了解很少，所以希望通过看蚂蚁巢多知道一些小蚂蚁的知识。

✅ **解决建议**

孩子们在自然角观察中，教师可以多加引导幼儿观察小蚂蚁，并可以在自然角设置一些观察表供幼儿观察并填写。还可以用一些视频来让幼儿了解小蚂蚁也有很多大家不知道的秘密，激发孩子们对小蚂蚁的兴趣。如小蚂蚁都吃什么？小蚂蚁是怎样挖洞穴的？等等。引发幼儿观察和探索的兴趣，让他们知道所有小动物的习性都是不同的，要认真探索。

（李思阳）

6. 磁铁的吸力与形状有关系吗？

❓ **问题描述**

在科学区活动中，乐乐和阳阳在区域活动时探索磁铁的秘密，他们两个比赛看谁能用磁铁吸上来多的曲别针，乐乐每次都比阳阳多，阳阳不知道为什么会这样，他问乐乐："为什么你吸上来的曲别针比较多？为什么我吸上来的曲别针比较少？"乐乐也无法解释这个问题，他们一同找到了我，询问我这是为什么？

我观察后发现乐乐用的是圆形磁铁，阳阳用的是直条磁铁，直条磁铁只有两头能吸上来，圆形磁铁就没有这种问题。我先向他们提问，你们有没有发现你们的磁铁有什么不同？乐乐说："我的是圆的。"阳阳说："我的是直的。"我说："那我们来做一个实验，你们来看我用直条的磁铁来吸你们来看，你们发现了什么？"他们异口同声地说："中间的没有吸上来，这是为什么呢？""因为磁铁上有磁性分为 S 极和 N 极，磁铁的两头磁性越强，而中间的部分磁性就减弱了，这就是为什么直条的磁铁吸上来的比较少的原因了。"

🔍 **解读分析**

孩子们在游戏中只注意到了游戏中的乐趣，遇到问题时孩子们就不知道如何继续探索，当孩子们在询问我时，我带着他们进行探索，让孩子们通过自己的发现进行总结。在《指南》中科学的发展目标中指出对中班幼儿"能对事物或现象进行观察比较，发现其相同与不同"。

而在游戏中乐乐和阳阳只注重比赛的结果，并没有注意到他们磁铁的不同，我通过引导让他们在游戏中发现了不同，也了解到磁铁分磁极和磁性，也使孩子们在游戏中学习了知识。

✅ **解决建议**

教师不要盲目地说出结果或答案，可在游戏中带领幼儿一起进行探索。并能提出问题让幼儿自主寻找答案。

教师还可以利用幼儿提出的问题，结合知识，在探索中寻找答案，并借此机会发现新的知识，留下新的问题，让孩子有兴趣继续探索。

（李思阳）

7. 怎样让湿的餐巾纸沉下去？

❓ 问题描述

科学区里教师新投放了各种各样的纸，请孩子们进行实验探究纸的吸水性。一开始，有的孩子很随意地把纸一张一张放进水里玩儿，纸湿了一张又一张。萱萱走过来，把一张餐巾纸放了进去，片刻瑶瑶喊了一句："哎呀！餐巾湿得真快。"然后瑶瑶用手在水里搅了搅，餐巾纸就碎了。接着，她又放进去几张餐巾纸，纸很快就湿了。瑶瑶又用手搅了搅"纸巾都碎了，怎么都浮在水面啊？"她用手使劲地往下压了压，碎纸浮了上来，她又压了压，纸还是浮了起来……她很扫兴，摇了摇头，就离开了。

🔍 解读分析

幼儿的科学不同于成人的科学，幼儿科学具有更多的直觉，幼儿的科学是行动中的科学。中班的幼儿主要是通过感知觉及各种操作活动认识周围世界。主要的思维特点是具体形象思维。在做实验的过程中，幼儿通过操作对餐巾纸的吸水性也只是直接、简单和表面化的，即使发现了餐巾纸湿了以后会浮在水面上，通过用手搅拌也没能使餐巾纸沉下去，在实验的过程中，还没有学会借助其他的材料和探究的工作进行帮忙，缺乏一定的探究方法，所以实验没有继续开展。

✅ 解决建议

幼儿科学学习是以探究和解决问题为主要途径。游戏中幼儿遇到的"为什么餐巾纸湿了以后不能沉下去"的问题，可以利用区域游戏评价或教学活动与幼儿一起讨论、猜想、假设、实验，鼓励幼儿在动手、动脑的探究活动中进一步形成积极的科学态度，提升探究能力，获得丰富的科学知识。

其次，在游戏过程中教师发现幼儿遇到了问题后，可以和幼儿一起做实验。"餐巾纸吸水又快又多，怎么才能让它沉下去呢？"然后将餐巾纸折一个小船，再次放进水里请幼儿观察，当幼儿发现餐巾纸船真的慢慢沉下去的时候，幼儿实验的兴趣再次被激活。他们通过不断地尝试，想出来很多办法：有的幼儿将餐巾纸黏在瓶盖上，有的幼儿将餐巾纸用胶带捆起来，还有的幼儿用彩纸折小船，然后将餐巾纸放在小船里……一个小小的问题，为幼儿创造了一种激励创造性思维的适宜气氛。通过孩子的努力，一个个新奇的探究方法产生了，他们在探究的过程中体验了探究的乐趣，游戏结束后，他们还在思考新的方法。

（刘凌云）

8. 磁铁玩具可以吸什么？

❓ 问题描述

学期初，班级在科学区中投放了许多磁铁玩具，支持和引导孩子们探究磁铁的磁性。一天，乐乐和月月兴致勃勃地来到科学区，乐乐将游戏筐中的磁铁拿出来吸了筐中的曲别针："快看，这个能吸上来，真好玩！"乐乐也试了试："我的也吸上来了！"乐乐又用磁铁吸了放在筐中的冰棍棍，月月也吸一吸冰棍棍："咦？怎么吸不上来？"乐乐又拿起磁铁吸了吸筐中的玩具插片："我试试插片。"月月说："我也试试，还是吸不上来。""怎么都吸不上来？不好玩。"他们俩把磁铁放在了玩具筐里，不玩了。

🔍 解读分析

中班幼儿的好奇心比较强，刚刚投放的磁铁对于中班幼儿来说还是很新鲜的物体，所以孩子们在区域活动中对磁铁的探究只是停留在表层，吸吸这个，吸吸那个，探究的目的性不强，所以游戏的时间持续得比较短。

✅ 解决建议

依据《指南》精神，让幼儿通过自主探究，初步了解磁铁的性质，产生进一步探究的欲望；让幼儿借助自主探究，亲历体验探究磁铁的特性的过程。借助幼儿对于磁铁这样新鲜事物的新鲜感与好奇心，教师可以丰富和调整操作材料，引导幼儿进行探究。如制作表格，列出玩具插片、曲别针、冰棍棍等不同材料，可以先猜想（哪些能吸哪些不能），然后实验几种材料（填写表格，磁铁能吸上的材料画钩），最后拓展孩子们探究的范围"班级里的物品还有哪些可以吸上来"，让孩子们把在游戏中获得的经验迁移到生活中。

（关思璐）

9. 为什么小车在不同材质的路面上行驶得快慢不一样？

❓ 问题描述

老师新增加了一个科学探索玩具，是用 KT 板制作的不同材质的路面，有平面的，有起伏路面的，等等。这时候心心和乐乐小朋友都围了过来，心心小朋友说："还有小汽车，真好玩儿，我也来试试。"乐乐说我也来试试，玩着玩着心心小朋友说："你看我的汽车比你的汽车跑得快。"乐乐说："我不信，我也看看。"于是两个人进行了汽车比赛，心心的汽车真的比乐乐的汽车跑得快，乐乐看到心心的汽车每次都是从平平的路上滑下来的，而自己的路上有横条条，为什么他的快，我的慢呢？

🔍 解读分析

中班幼儿年龄特点就是喜欢探索新鲜的事物，同伴之间喜欢挑战，对自己感兴趣的事情会去探索，在幼儿园科学区就是让幼儿自己去探索发现问题。而《指南》中提出科学领域的核心是激发幼儿的探索兴趣，体验探索过程，科学区是体现幼儿自主学习与探索的活动，是在材料、同伴互动的过程中提升经验从而获得发展，中班幼儿对平整路面和凹凸不平的路面能够影响小车速度的概念没有一定的认知。

✅ 解决建议

（1）教师带领幼儿探索并了解不同材质的轨道与汽车行驶速度的影响，能够发现越平整的轨道汽车行驶得越快。

（2）带领幼儿亲身体验平整和凹凸，进一步了解汽车速度与表面平整度的关系。

（3）增加游戏材料，可以投放毛巾、普通 A4 纸、塑封纸、瓦楞纸、彩砂纸等材料作为路面，以及记录表、笔等，让幼儿更充分地探索，引导幼儿通过观察、比较、操作、试验等方法学习发现问题、分析和解决问题。

（4）游戏后，可以和幼儿一起探讨："汽车的车道一样吗？有什么不同呢？不同材质车道上的汽车速度会一样吗？"

（张　辉）

10. 幼儿在探究摩擦起电的实验中，为什么吸不上东西？

❓ 问题描述

在区域活动时，东东在科学区做静电实验，但是他在实验时遇到了小问题，他的静电没有电，在他用毛皮摩擦过玻璃棒后，并不能把碎纸吸起来，东东又想起老师说过可以试试头发，他对着镜子试能不能把头发吸起来，结果发现还是不行，东东有些着急了，他回到桌子前又拿着毛皮使劲儿摩擦，摩擦后发现还是吸不起来碎纸，东东一下子就大哭起来，一边哭一边叫老师，老师让他再试一试的时候，东东却不想再试了，他想让老师帮他做完这个实验。

🔍 解读分析

在《指南》科学领域中提到："幼儿能根据观察结果提出问题，并大胆猜测答案。"我发现东东不会自己解决问题，在平时的生活中每当遇到困难时，东东都是寻求爸爸妈妈爷爷奶奶的帮助，缺乏自己解决问题能力。在幼儿遇到困难时，教师不急于介入，要给予幼儿一些时间试着自己思考、解决问题。同时，教师要从态度上给予幼儿支持和鼓励，为幼儿建立自信。

✅ **解决建议**

在幼儿向教师寻求帮助时，教师先安抚幼儿情绪，然后再提出问题：在刚刚你的活动中你出现了什么问题？那我们可不可以开动脑筋想想有没有什么办法解决呢？如果是多名幼儿实验中遇到了问题，教师可以请幼儿们商量出办法，再进行实验，最终得出结果。

（薛敏瑶）

11. 幼儿在玩多棱镜时，玩一段时间就不知道怎么继续游戏了？

❓ **问题描述**

今天，幼儿像往常一样进行活动区活动。悠唐选择了科学区进行游戏。她来到科学区后，选择了多棱镜，一开始，她的注意力很集中对多棱镜爱不释手。可没过多一会，我发现她把多棱镜放到了一边，走到了别的区，想去其他活动区进行游戏。我走上前，问她："你为什么不玩多棱镜了呢？"她告诉我说："多棱镜不好玩，看一会儿就没什么好玩的了。"最终她把多棱镜送回了原来的位置，选择了科学区的其他玩具。

🔍 **解读分析**

材料的投放单一，缺乏游戏性。科学区投放了放大镜、凹凸镜、多棱镜，但是没有相应的让幼儿观察的图片或实物。中班幼儿注意力集中相对持续时间较短。

✅ **解决建议**

(1)可以在科学区投放一些辅助的材料，如小玩具、图片等。

(2)可以适当介入幼儿，在他进行多棱镜观察时，可以走上前，引导幼儿观察多棱镜可不可以看见老师和小朋友。

(3)在投放多棱镜前，可以先丰富幼儿的相关经验。

（张　辉）

12. 幼儿在科学区探讨问题时发生争论，怎么办？

❓ **问题描述**

这段时间益智区和科学区是最受欢迎的，早早就坐得满满的了。一会儿听见科学区几个男孩的声音很大，好像是在议论什么问题。于是我走了过来，他们在玩按数夹豆子的游戏。只听小新说："红色的是红豆，黑色的是黑豆，这是我妈妈告诉我的。"小贝说接着说："那黑色是黑豆，红色是红豆，你看这个红色有花的是什么豆？"小嘟说："这还不简单，有红色花的不就是红豆吗！""不对不对。"小贝拿起那颗豆子问："老师你看看这是什么豆子啊？"我一看说："这不是耙豆吗。"小贝高兴地说："我说不是红豆吧，我赢了。"紧接着小新说："老师这是爬豆，那你看看哪个是跑豆啊？"听了之后我大笑起来，我说："宝贝你弄错了，豆子的种类有很多，耙豆是这些豆子种类的一种，耙豆不是我们趴下往前爬的那个爬。"宝贝不好意思地点了点头。

解读分析

幼儿的认识是直接、简单和表面化的，孩子的天真与创造的想象是我们成人无法琢磨的，孩子们的创造想象力也是无限的。在简单的活动中，能让幼儿在其中感到快乐是至关重要的。简单的夹豆子游戏，孩子们的求知欲展现出来。想知道自己夹的豆子叫什么，并且进行了讨论，在老师的引导下，正确认识到了豆子的名称，既从中体会到了游戏带来的快乐，又认识了小小的豆子。

解决建议

在小游戏中，如果有幼儿争吵的情况发生，应该先观察幼儿的行为举动，再上前进行引导，幼儿在游戏中争吵的内容与游戏丝毫没有关系，只是从简单的夹豆子的行为中，激发了他们想了解豆子的名称，教师运用有效引导的方法告诉幼儿豆子的名称，幼儿觉得这个豆子的名字很搞笑，还和老师开起了小玩笑。教师在玩笑中纠正了幼儿的错误，孩子在这个游戏中体验到了快乐，也学到了知识。

（杜婷婷）

13. 自然角怎样引导幼儿了解光对植物生长的作用？

问题描述

新学期的开始，孩子们给自己班里的植物角里添加了很多新植物，老师也在植物角中做了一个小实验，希望孩子们能够通过观察来了解光对植物的作用，教师在两个小花盆里都种上了一些蒜，不同的是一个用黑色的袋子罩起来了，一个就放在自然阳光下，也让小朋友对这个实验进行了猜想。但是孩子们对这个实验兴趣不高，因为这个实验的时间特别长，时间长了小朋友们就忘了这个实验了，也没有了解到光对植物的作用，教师经过思考后，决定每天让两名小朋友做实验观察员，观察每天有没有变化，孩子们对这项实验就兴趣满满了。

解读分析

探究光对植物作用的实验，并不是马上就能得到实验结果，需要一段时间的培养，幼儿对不能马上得出实验结果的实验，时间长了容易遗忘。在《指南》中"能感知和发现植物的生长变化及其基本条件。"这是4～5岁幼儿应达到的目标。教师可以通过设立观察员，让幼儿保持实验的持续性和完整性。

解决建议

（1）教师可以通过设立观察员，保持实验的完整性和持续性，让观察员对他所观察到的变化进行记录，一段时间后再让观察员针对他的记录跟全体幼儿进行分享。

（2）教师还可以在班级里种植后让幼儿回家和父母一起进行实验，并记录实验结果，一段时间后，小朋友们之间进行分享。

（薛敏瑶）

第三节　大班科学区活动组织中的常见问题

一、兴趣与习惯

1. 我们以幼儿为主体、以教师为客体创设适于大班孩子种植的自然角，使孩子在亲身栽种、饲养，亲自观察、记录的过程中获得照料动植物的相关经验。大班孩子已经有了较强的观察力、思考力及动手能力，并且在绘画及记录方面都有一定的基础，以下是孩子们在自然角活动中呈现出的一系列问题。

（1）怎样激发幼儿连续观察植物的兴趣？

问题描述

早晨来园，刚刚走进班里，泽泽大叫："快看，植物角的架子上多了几个花盆！"其他小朋友也纷纷围了过来。泽泽继续说："老师，这是您种的植物吗？"老师回答："是呀，小朋友们可以每天来植物角观察一下，看看它们什么时候发芽。"圆圆说："这些都是什么植物呀？"泽泽说："你看盆上贴着呢，这是黄豆，这是西瓜子，这是葵花子，这是……"接下来的一个星期，大部分小朋友都在不同时间来植物角看一看，渐渐地，时间越久，关注植物角的小朋友越少，最后变成没有一个小朋友去植物角观察。

🔍 解读分析

大班幼儿的好奇心和求知欲望逐渐增强。《指南》中指出，5～6岁幼儿对自己感兴趣的问题总是刨根问底。幼儿通过观察、比较与分析，发现描述不同种类物体的特征或某个事物前后的变化。班里幼儿开始对植物角的植物很感兴趣，还经常去观察，但因为没有目的地观察，所以时间久了，就失去观察的兴趣了。

✅ 解决建议

①积极为幼儿创设良好的观察环境，让幼儿成为自然角的主人。《纲要》指出：环境是重要的教育资源、应通过环境创设和利用，有效地促进幼儿的发展。因此，教师应努力创设良好的观察环境，激发幼儿的观察欲望，为幼儿提供连续观察、亲自管理、动手操作的机会，教师首先带领幼儿开展种植活动，然后把自己种的植物摆放到自然角里，引导幼儿每天照顾自己的植物，自己浇水，有意识地引导他们仔细观察。

②师幼共同讨论设计观察记录。《指南》指出，5～6岁幼儿用数字、图画、图表或其他符号记录。教师和幼儿共同讨论观察记录都可以有哪些内容，有的幼儿说："记录要有日期。"有的幼儿说："观察植物时，记录植物长什么样子。"还有的幼儿说："还应该记录今天有没有浇水。"制订观察记录表格，让幼儿有目的地观察，激发幼儿连续观察植物的兴趣。

（张　昊）

（2）幼儿在观察动植物活动中不遵守规则，怎么办？

❓ 问题描述

有一天，姚姚带来的小蝌蚪长出了两条后腿，教师请科学区的幼儿围拢来，看小蝌蚪的变化。琪琪一下子把装有蝌蚪的玻璃瓶放到自己面前，其他的幼儿都看不到了；瑶瑶见状也就把玻璃瓶拉了过来自己看；其他的幼儿都想把玻璃瓶拉到自己跟前，大家吵了起来。这时涵涵小朋友提醒说："你们不能挪到自己的跟前，要放在中间大家一起看，这是我们定过的规矩。"大家听了，都有些不好意思，可是谁也不愿意把瓶子挪到中间，大家相持不下。就在这时，涵涵又说话了："我来放吧。"涵涵拿过玻璃瓶却放到了自己跟前，全然不顾自己刚才提出的规矩。

🔍 解读分析

教师经常组织幼儿观察自然角中的植物、动物的变化。在观看的时候幼儿间经常会相互争抢，大家就一起建立了观赏的规矩，要放在中间或原地共同观赏。

区域规则既然建立了就应该是人人遵守的，这是每个孩子都知道的。可是由于现在的幼儿都是独生子女，他们的自制力较差，行为表现比较自私。明明知道要遵守规矩，还是经常愿意自己独享一些事情，却又用规矩鞭策别人的做法，自己置身规矩之外而不遵守。

✅ **解决建议**

①培养幼儿遵守规则的意识。对于幼儿自己制订的规则要自觉遵守，还要相互监督，在规则面前要建立"人人平等、人人遵守"的原则，既要提醒别人也要保证自己按照要求去做。对于提醒别人自己又不遵守的幼儿要讨论出解决的办法，共同维护班级的规则。《指南》中指出："大班幼儿理解规则的意义，能与同伴协商制订游戏和活动规则。"教师结合活动实际，与幼儿一起体会规则的重要性。在与幼儿商讨的过程中，有的幼儿提出："可以选出小小监督员进行监督。"有的幼儿说："那他自己就要遵守不能违反，像涵涵那样就不能当小小监督员。"这时涵涵着急地说："那我改好了，就可以当了吧。"大家一起点点头表示赞同。因此，教师在区域活动中就要及时解决幼儿面临的问题，让幼儿体会没有规则的不方便，鼓励他们讨论制定规则后就要自觉遵守。对幼儿表现出的遵守规则的行为要及时肯定，对于违反规则的行为要给予纠正。

②借助于生活情景和图书故事，经常和幼儿玩一些带有规则的游戏，让幼儿模仿和体验一些必要的社会行为规范，如区域里的幼儿太多了，都站不下了，就更不要说玩了。因此必须要有规则。使幼儿亲身体会建立规则的重要性。

（张慧芬）

（3）在植物角，幼儿不按照正确的方法进行观察，怎么办？

❓ **问题描述**

在"种子宝宝成长记"的种植区角，投放着很多种子，有黄豆、红豆、绿豆、黑豆、小麦等，供孩子们观察、种植和水泡。但最近发现总有不同种类的种子盛放在一个小盒里；还另外有一些种子零乱地散落在桌子上、窗台上。于是我注意观察形成这一现象的原因。只见过渡环节时，琳琳和坤坤将手伸进不同的盒子里抓豆，还把红豆和绿豆放在一个小盒子里搅拌，接着乐呵呵地抓起豆子一遍遍从上往下撒回盒子。玩得没有意思了，就将几粒小绿豆撒进鱼缸，看小鱼捉种子的游戏，他还指着小鱼说："快看快看，小鱼用嘴吃绿豆呢。"看着绿豆沉到水底，小鱼游开了。他又扔进一粒绿豆，继续不停地玩着，一会儿就有许多的绿豆被扔进鱼缸，有时还用绿豆去打小鱼，玩得很是开心。

🔍 解读分析

幼儿已经不满足于用视觉或工具（放大镜）的协助观察动植物，喜欢用更多的感官，如触觉去感知和尝试新的发现。但幼儿出于个人喜好，在行为习惯上并没有意识，不能正确地进行操作。

✅ 解决建议

①还原真相。教师可以将区角中整齐有序和零乱、不规整的场面以照片的形式记录下来，《指南》中说道：要容忍幼儿因探索而弄脏、弄乱、甚至破坏物品的行为，引导他们活动后做好收拾整理。所以，提供整齐有序和凌乱场面的照片请幼儿感受和比较，让幼儿亲身体验到凌乱的场面给我们带来的不方便及对小鱼的危害。

②结合大班幼儿年龄特点，增加"小小管理员"，激发幼儿在自我管理、照顾动植物上的责任意识、公共意识。并制订观察、种植饲养动植物的规则，如不伤害动植物、不破坏投放材料或使用工具，引导幼儿能以正确的行为在自然角进行观察或养殖活动。

（孙　宁）

(4)幼儿把收集到的材料放到自然角后就不再观察了，怎么办？

❓ 问题描述

幼儿在户外活动时，经常会把地上掉落的树叶、空中飘落的羽毛、花瓣，草地上的小石头、小树枝，树上掉下的未成熟的小果子带回班中，并放在自然角的收集盒中，拿放大镜进行观察，刚开始孩子们还兴致勃勃地谈论自己看到的羽毛上的鳞片、树叶上的纹路、小果子上的虫子洞等。还有的幼儿把自己在家里发现的小贝壳、花种子拿到班级中给小朋友看，有的幼儿还把周末上公园发现的一些狗尾巴草拿到班里，向大家介绍。可慢慢地孩子们被更有趣的游戏和玩具吸引了，就不太关注这个角落了。

🔍 解读分析

幼儿对大自然有天生的和探究的兴趣，最初幼儿可能是对这些没有见过的事物有好奇心和新鲜感，但随着知识经验的积累，他们了解了相关的知识，慢慢失去了探究的兴趣，或是这些物品对他们来说没有吸引力，激发不起他们探究的欲望，再有一种，有些事物的探究需要一定的支持、引导，但幼儿没有得到这些必要的帮助，久而久之，他们没有获取经验和方法的途径，就感到没有意思，也就不会去关注这些事物了。

✅ **解决建议**

①教师要观察日常生活幼儿对什么事物感兴趣，如幼儿对春天植物的生长变化感兴趣，就要有意引导幼儿去发现树叶生长变化的过程，带领幼儿用照片、绘画的方式记录，并把这个观察过程在墙饰中体现，用环境创设激发幼儿探究持久性。

②为幼儿的探究活动提供支持，在区域中提供如：种子生长变化的标本、图片，和实验工具盒等。培养幼儿对自然界、身边的事物有观察的习惯，并有积极提问和思考的意识。

③帮幼儿把探究的过程进行梳理，从观察、猜想、探究、操作、获得结果的过程，让幼儿进行分享，激发幼儿自信心，获得愉悦感。为幼儿自主、自发探究学习打下基础。

（孙义杰）

(5)周末班里自然角没人照顾，怎么办？

❓ **问题描述**

周一早上孩子们吃完早饭，迫不及待来到阳台上的自然角看自己种的小植物有什么变化。就看洋洋很着急地跑来跟我说："老师我种的小花都蔫了，叶子也变黄了，花盆里的土又干又硬。"一会儿浩浩也跑来说："我泡的小种子水都干了。"明明手里端着他种的小豆苗带着哭声说："我的小豆苗都干死了，我真伤心啊。"这时好多孩子都发现自己种的小植物，养的小鱼、乌龟、蜗牛都有些不一样的变化，蜗牛的养殖盒里的菜叶都没了，提供的沙土也已经干了，蜗牛壳也是干干的，原来很爱爬的蜗牛已经不动了。

🔍 **解读分析**

在幼儿园里，自然角是室内、廊沿或活动室的一角，是幼儿开展饲养小动物、栽培植物等非正规性科学活动的场所。自然角是幼儿最感兴趣的活动区之一，也是最能激发幼儿观察、探究，促进创新能力发展，丰富幼儿知识的重要渠道。经过周末两天的时间，班中的自然角没有人照顾。会出现孩子们看到的现象：植物干死了，动物缺水不爱动；为此，引导幼儿发现问题，共同来讨论解决。周末时间，自然角的动植物谁来照顾，怎样照顾，教师为幼儿的深入探究提供支持。作为自然角的主人，幼儿只是掌握照料方法、完成每天的照料任务是不够的，应时刻关注自然角里动植物的生长情况，充满好奇，倾注爱心，才是更重要的。

✅ **解决建议**

①与幼儿共同讨论"周末休息时间班中自然角谁来照顾"，讨论出结果后鼓励

幼儿去实践操作。如请幼儿园的门卫师傅帮助照顾、幼儿在周末的时间带回家照顾，还可以请同伴之间互相照顾等。

②鼓励幼儿每天养成坚持照料自然角动植物的习惯，引发幼儿猜想自然角里的动植物会发生怎样的变化呢？为了吸引幼儿深入地探究，提供了放大镜、简易显微镜等观察工具以及吸管、绳子、刻度尺等测量工具，鼓励幼儿去量一量、比一比。教师还可提供纸笔等记录工具，支持幼儿去观察小动物的生活状态，发现动植物的生长变化，并把自己的发现记录下来。

③展示交流好奇好问是幼儿的天性，而幼儿的深入探究需要教师的合理引导。在自然角提供一块墙面空间，呈现幼儿近期关于自然角的热点问题，并与幼儿一起交流、讨论、记录，追踪、呈现幼儿的探究过程，促进幼儿在日常照料过程中进一步观察、思考。

④自然角的精心创设，美化了环境；孩子们的主动参与：我们的自然角，我们来照顾，不仅有利于幼儿观察、分析，从中发现大自然的奥妙，还能很好地培养孩子的责任意识。

（孙义杰）

2. 怎样吸引班中的女孩子爱上探索？

？ 问题描述

浩然和坤坤几个人正在科学区热火朝天的摆弄造纸机。大家都抢着操作，对照步骤图仔细琢磨，经常反复探索游戏材料的多种玩法。他们还进行实验结果的猜想，互相比较谁选的纸最好，不厌其烦。而一旁的可欣和菲菲时不时望向男孩子那边，想一探究竟却又不主动上前，只是作为旁观者看着男孩们操作。就像大多数女孩子不会直接选择一些探索性游戏材料，只喜欢选择像磁力珠、磁力拼贴这样的现成玩具，单一地拼摆与组合。对科学区活动的兴趣和关注度较低，不怎么善于观察和发现问题，遇到困难缺乏解决的持久性，探索欲望不高。

Q 解读分析

女孩子与男孩子相比，思维上比较感性，情感细腻，更喜欢在美工区和表演区游戏。而且，女孩子本身的探索欲望和冒险精神没有男孩子高，对于自然、科学知识方面的经验也不如男孩子丰富，性格上又较为内敛，缺少大胆尝试和动手操作的积极性，这些都是造成女孩子不爱参加科学类活动的原因。

✓ 解决建议

(1)有针对性的收集一些女孩子感兴趣的科学问题、现象或游戏，如颜色类、动植物观察和记录、吹泡泡、溶解等。鼓励大家一起寻找问题的答案，将各种科学活动中的实验迁移到科学区，提供一些有趣的探索工具，用自己的好奇心和探究积极性感染和带动女孩子喜欢上动手操作。

(2)根据幼儿年龄特点，正确把握男孩、女孩的需要，多为他们选择一些能操作、多变化、多功能的玩具材料或废旧材料的改造，不干涉孩子们运用已有经验进行探索活动。在教学活动或科学游戏时，引导班中动手、动脑能力较强的男孩与女孩结成小组，多给予女孩们提出问题和发表看法的机会，让男孩们也了解女孩子对同一问题的不同见解，在相互启发和调动的作用下，提高女孩子对科学类活动的兴趣和参与性。

(关杰明)

3. 区域里投放了地球仪，幼儿只是不停地转着玩，怎样办？

❓ 问题描述

"明明，不要再转地球仪了，地球仪都快被你转坏了。"一个尖声尖气的女孩说。"地球仪是转不坏的，就是转着玩的，我就喜欢转着玩。"明明边说边不停地转动着，看着地球仪上连续转动的画面他很是高兴，有时还突然转到一个板块停下，再接着转，看看是不是一下子就能停到这个板块。婷婷实在忍不住了，就着急地说："你再这样转，我就真的去告诉老师了。"其他的几名幼儿听到了婷婷的喊叫，你一言、我一句的争辩着："地球仪不是转着玩的。"明明凶巴巴地说："那你说应该怎么玩呢？"婷婷看了看地球仪也说不出具体的玩法，只好眼巴巴地看着明明一圈一圈地转着……

🔍 解读分析

地球仪在科学区的投放没有起到实际的意义。教师只是知道大班的幼儿应该了解地球仪，却忽略了引导幼儿认识地球仪的使用和特殊的意义。幼儿的认知兴趣没有被调动起来，只是满足于动手操作罢了。只有选择贴近幼儿生活教育的内容，才能使幼儿获得真正理解和内化的科学知识，投放的材料应该是幼儿想要和愿意解决的问题，才能使幼儿积极主动地去学习和探究，才能发现和感受地球及周围世界的神奇，才能保持强烈的好奇心和探究欲望，提高探究能力。

✅ 解决建议

(1)科学区中的地球仪可以是科学活动的延伸。如果要投放地球仪就要先告诉幼儿什么是地球仪？告诉幼儿为了便于认识地球，人们仿造地球的形状，按照一定的比例缩小，制作了地球的模型——地球仪。请幼儿说一说地球仪是什么形状的。引导幼儿观察地球仪上大面积蓝色的地方、告诉幼儿那是地球表面的海洋，其他黄色或绿色的地方是陆地。请幼儿观察，地球上海洋面积大还是陆地面积大。请幼儿说一说，地球上都生活着哪些生命。引导幼儿知道，地球是人类、动物、植物共同的家，我们都应该爱护它。

(2)应鼓励幼儿经常观察地球仪，从中获取知识，《指南》中提到："幼儿科学学习的核心是激发探究欲望，培养探究能力。教师要善于发现和保护幼儿的好奇心，引导幼儿通过观察、比较、操作等方法，学会发现问题、分析问题和解决问题，帮助幼儿不断积累经验，并运用于新的学习活动，形成受益终身的学习方法和能力。"

(3)在科学活动中引导幼儿认识我们的生活的地球的结构特征及其他的国家，并在地球上找一找我们的国家。引起幼儿对地球仪的兴趣，并结合游戏针对大班幼儿识字的能力，去查找其他国家的位置和板块。介绍地理位置，介绍风土人情。也可以将找到的国家位置做上标记，或用自己了解的符号代替标记，这样既提高了幼儿参与活动的兴趣，也促进了幼儿关注地球仪上的国家地理位置，使幼儿爱上地球仪。

(4)根据幼儿学习到的知识，组织幼儿亲自实践观察地球仪，及时给予幼儿帮助。有的幼儿没有理解时，有目的地与他交流，帮助疏导理解。通过亲自探索科学知识，既能培养幼儿的动手动脑能力，更能培养幼儿对科学活动的兴趣，使幼儿愉快地接受任务。在组织幼儿探究时，不能流于形式，在探究过程中，要注重幼儿实实在在地观察。而在幼儿科学教学中的观察不等于一起"观看"，应使幼儿的各种感官都活动起来，从而获得探究效果。

（王艳霞）

4. 幼儿对磁力珠感兴趣却不会玩，怎么办？

❓ **问题描述**

区域活动时，几名幼儿在玩磁力珠的科学玩具，萌萌也在其中。但是不一会儿，我发现她就放下了手中的磁力珠，并把自己的游戏材料摆满了一桌子，一个人静悄悄地坐在旁边，不说话也不参与别人的游戏。而别的幼儿也因为她将游戏材料摆满了桌子，提出意见："你看你拿那么多也不玩，我们都没有了。""你把地方都占了，我们没有地方玩了。"萌萌听后不说话，手里拿着的玩具攥的更紧了，见此情况，我轻轻蹲在她身边询问原因，萌萌小声地告诉我："我想玩磁力珠，可是我喜欢的拼不出来。"

🔍 **解读分析**

每个孩子都有潜力，这种潜力往往需要旁边有人帮助他激发出来。《指南》中指出："幼儿科学学习的核心是激发探究兴趣，体验探究过程，发展初步的探究能力。"当幼儿遇到困难时，这种潜力就会被挡住，往往他们在这时候就会退缩，时间久了就会丧失参与活动的积极性和挑战的自信心。此时就需要教师的关注、支持和引导，帮助幼儿不断积累经验，并运用于新的学习活动，形成受益终身的学习态度和能力。作为教师应多用激励性的语言鼓励他们，或以合作者的身份参与到幼儿的游戏当中。逐渐引导幼儿找到解决困难的方法，增强他们的自信心。

✅ **解决建议**

(1)在幼儿遇到困难时给予幼儿语言的激励，教师的表扬与激励对幼儿来说就是一种力量。例如："你太厉害了，还差一点点就成功了，你敢不敢再试试?""你一定可以的，这点儿小困难难不倒你!"再加上老师亲切的表情，会使幼儿感受到极大的鼓舞。

(2)作为幼儿游戏的合作者，一步一步利用提问式的语言帮助幼儿厘清思路，找到解决问题的方法。让幼儿在体会到成功的同时增强自信心。

（王坤雨）

5. 科学活动区的材料不能吸引幼儿，怎么办?

❓ **问题描述**

冬天到了，孩子们都对"冰"产生了浓厚的兴趣，根据孩子们的兴趣，我在科学区新投放了几本关于"冰"的图书。今天选择科学区的是晴晴和然然，他们拿起了新投放的科学书。晴晴指着书中图片说："冰在火上被烤化了。"然然说："嗯，冰还能在热水里融化。"她们看了一遍科学书，晴晴对然然说："我觉得还是在火上烤的化得快?""是这样吗? 不知道，也许在水里快一些吧!"晴晴摇了摇头，"不知道，书里没说哪种方法快，算了我们去玩别的吧?"于是，我便走了过去，问道："你们为什么不玩啦?"晴晴不好意思地说道："科学区新投的这些书，我们都看过了，我们想去别的区玩了，这个不好玩。"

🔍 **解读分析**

《指南》中科学领域指出"激发研究的兴趣，体验探究过程，发展初步的探究能力。注重引导幼儿通过直接感知、亲身体验和实际操作进行科学学习，不应为追求知识和技能的掌握，对幼儿进行灌输和强化训练"。在以往的活动中，教师选择的科学区材料内容距离幼儿生活很远，并且材料模式单一，枯燥无趣，那么幼儿就很难积极主动的参与到科学实验活动当中。所以在活动区材料投放，需要教师关注幼儿对科学方面的需求。针对幼儿的兴趣点，设计贴近幼儿生活的科学活动内容，提供丰富的可操作材料，创设自主宽松的教学环境，激发幼儿对科学探索的兴趣，从而提高幼儿探索能力。

✅ **解决建议**

　　首先要开展讨论活动，让幼儿说一说自己对冰的了解？说一说有哪些方法能把冰融化？猜一猜哪种方法冰融化得最快？再根据幼儿的猜测，请幼儿自己准备可以使冰快速融化的材料。最后在科学区中，根据幼儿投放的材料，让幼儿大胆实践操作，运用不同材料进行试验，对比哪种方法能使冰融化的最快？从而促进幼儿对科学实验的兴趣，激发幼儿积极参与到科学实验当中。

（于　杰）

6. 幼儿都喜欢玩科学区，不选择其他活动区，怎么办？

❓ **问题描述**

　　又到了选择活动区的时间，孩子们都兴奋地在选择今天想玩的活动区，就在这个时候有几个孩子争吵了起来！铮铮对放放说："我先选择的科学区，现在科学区的人数已经够了，你就不能选择这个区了。我昨天没玩够，今天还想玩！"放放说："不行，你昨天已经玩过科学区了，今天你就让我玩一次好吗？"然然这会儿又说："我也想玩，我也想玩！"放放说："你昨天玩过了，你今天就先去别的区玩吧，让让我们。"我走了过去："孩子们，怎么了？"放放说："我们都想玩科学区，但是科学区的人数太多了，昨天铮铮都玩过了，他还想玩，但是我一直没玩过，我也想玩！"我问铮铮："铮铮，你都玩过一次了，今天能让给其他朋友玩吗？"铮铮不情愿地点了点头。

🔍 **解读分析**

　　科学区的实验游戏，变化多样，操作性强。幼儿通过自己的思考、操作从而获得科学实验带给他们的探索需求。所以对于本年龄的幼儿来说，科学区的实验活动能给他们带来成功的经验，他们就会愈加地喜欢参加科学区的实验游戏，从而选择其他区的幼儿就会减少。

✅ **解决建议**

　　对于热衷参与科学区活动的幼儿来说，教师首先应做到积极鼓励，对他们的科学实验成功进行肯定。与此同时，也可以换一个角度引导幼儿，如今天你的小实验很成功，你能不能在图书区的科学实验书中去找一找还有比这个更有趣的实验吗？或者把今天你做实验成功的小秘诀用绘画等方式记录下来，分享给其他小朋友。这样就可以让幼儿把在科学区获得的经验运用转移到其他活动区中，使其感受活动区之间相辅相成的有趣之处。

（于　杰）

7. 幼儿将活动区材料都混在一起玩，怎么办？

❓ 问题描述

新学期，孩子们非常喜欢科学区投放的新的操作材料，每次活动区的时候总是都拿出来一起玩，玩着玩着材料就被混在了一起。今天音乐响起，又到了收活动区材料的时间，琪琪对乐乐说："乐乐，你放错了！你这个玩具不是放在我这个盒子里的！"乐乐说："但是我拿出来的时候这个玩具就在这个玩具盒里了啊。"琪琪指了指另一个盒子说："这个玩具应该放在这个盒子里面的！"乐乐看了看又说："那这里的很多玩具都放在不对的地方！"我便走了过去问乐乐："你为什么不按照标记把它们放回到原来的玩具盒里呢？"乐乐小声地说："我觉得这样混着玩更好玩！"我又问道："那明天小朋友想玩这个的时候就找不到了啊！"乐乐困惑地说："那怎么办呢？"

🔍 解读分析

大班幼儿喜欢探究，对于新的操作材料充满了好奇心。不同材料的混搭玩耍，能使幼儿通过观察、比较和分析，发现事物间的联系。《指南》中指出："教师应真诚地接纳、多方面地支持和鼓励幼儿的探索行为。容忍幼儿因探索而弄脏、弄乱，甚至破坏物品的行为，引导他们活动后做好收拾整理。"

✅ 解决建议

首先，要制订规则。对于大班幼儿教师应该让幼儿运用适宜的方法探究问题和解决问题。把最近科学区的活动情况介绍给幼儿，让幼儿体会没有规则的不方便，鼓励他们进行讨论：应该如何操作科学区的材料？让幼儿根据他们的需求制定区域规则。如一次只能拿1~2筐玩具、按照标记分类摆放整齐等。

其次，可以开展收区值日生的活动，每天在进活动区之前，本区的幼儿选出1~2名值日生，每天活动区结束的时候，两名值日生负责将归还的区域材料再次检查，将放错的材料按照标记放回原处。这样既培养了幼儿的服务意识，又提高了幼儿的责任心。最后要分类制作图标，和幼儿共同探讨，让幼儿根据自己的观察，绘画出每一种玩具的标记，然后将标记贴在材料上。这样就方便幼儿摆放及分类了。

（于　杰）

8. 幼儿对多米诺骨牌不感兴趣，怎么办？

❓ 问题描述

活动区时间，几个男孩子选择了科学区进行游戏。成成拿着磁铁在吸东西做试验，小雨也摆弄着磁力小车。一会儿，冬冬把多米诺骨牌拿到了桌子上，一边搭一边说："我要搭一个五层的大高楼。"只见冬冬用建筑区搭楼房的方法开始摆弄多米诺骨牌。这时，成成说："我还会搭水道呢。"冬冬说："那你搭一个我看看。"成成把磁铁玩具放回去后，就开始用多米诺骨牌搭起了水道，多米诺骨牌平放在桌子上连起来摆放。小雨说："没意思，这个积木太小了，在建筑区搭得比这个大多了。"

🔍 解读分析

从上述可以看出，幼儿对多米诺骨牌不感兴趣。幼儿对多米诺骨牌不了解，不清楚多米诺骨牌的正确玩法。所以，会出现用多米诺骨牌搭楼房、水道的现象，将建筑区的搭建经验迁移过来。皮亚杰在心理发展阶段论中提到：幼儿通过直接经验来认识事物。幼儿对事物的感知、认识是建立在一定的生活经验基础之上的，没有经验的积累，幼儿就会根据自己的认知经验进行操作。在缺乏经验，并且体验不到成功、挑战的情况下，幼儿就会对玩具材料不感兴趣，失去探索的兴趣和欲望。

✅ 解决建议

(1)丰富幼儿对多米诺骨牌的认识。通过让幼儿观看多米诺骨牌比赛的视频，激发幼儿对多米诺骨牌的兴趣和探索欲望。丰富对多米诺骨牌的认识，如玩法、路线、同伴之间的合作、配合等经验。

(2)提供辅助材料。可以提供相应的多米诺骨牌的路线造型图示，由易到难，由简单到复杂，满足不同能力幼儿的需要。还可以提供小桥、风车等辅助材料，改变路线和方向，增加多米诺骨牌的趣味性。

(3)教师的引领。教师在与幼儿游戏时，及时肯定幼儿的行为。适时提出挑战，不断增加幼儿的探索欲望，并将幼儿拼摆的创意路线用照片的形式记录下来，制作成册。从而，使幼儿获得成功的喜悦！

（郭　静）

9. 孩子们在科学实验中，探索话题转移了，怎么办？

❓ 问题描述

在科学区游戏中，几个小朋友正在探索小车从不同坡道上滑下来的速度。这时，晨晨说："我发现越野车比小轿车跑得快。"乐乐说："我们家有一辆越野车，是遥控的，我让它去哪儿就去哪儿。"子玉接着说："我爸爸给我买了一个特别大的消防车，有梯子还会亮灯呢！"话音未落晨晨就说："我还有警车呢，和真的警车一样，那天在我家附近还看见一辆真的警车和我的一样。"子玉说："我爸爸就是警察，专门抓坏人……"乐乐继续说："我妈妈是医生，会给别人看病。"于是，孩子们的话题从探索小车滑行转移到了家长的工作并展开了交流。

🔍 解读分析

从幼儿交流中可以看出，他们对自己熟悉、感兴趣的事物及有体验的活动，会有强烈表达的愿望。语言是思维的外显方式，可以看出他们的思维是跳跃、易变的，具体形象的思维方式。并体现出了幼儿游戏的计划性不强，探索的过程中不够认真专注，良好的科学探索习惯还未形成。

✅ 解决建议

(1)从幼儿的兴趣出发。通过观察发现幼儿近期感兴趣的事情，教师引发话题。利用提问、投放玩具材料的方式，激发幼儿围绕一个话题进行操作、探究，鼓励幼儿大胆表达的想法。运用师幼互动、同伴资源、问题讨论等不同策略引导幼儿深入思考问题。

(2)师幼共同游戏。教师要了解幼儿的能力水平和发展需要，根据幼儿的年龄特点和生活经验，作为幼儿的游戏伙伴，利用引导启发的方法，激发幼儿积极主动进行问题的探究。支持完成自己的想法，并及时鼓励幼儿的想法，适时提出新的问题，调动幼儿深入思考的积极性。

(3)建立良好的科学探索习惯。帮助幼儿逐渐养成认真专注的探索精神。可投放相应记录表，让幼儿记录下自己的猜想、探索过程和结果。从而获得相关的知识经验。

（郭　　静）

10. 幼儿不喜欢看科学类的图书，怎么办？

❓ 问题描述

图书区是孩子们生活过渡环节和区域游戏时比较喜欢去的地方。除了能看到自己从家中带来的图书，还能看到小伙伴带来的各种各样内容新鲜有趣的图书。他们喜欢在一起阅读交流书中有趣的画面、好玩的情节，有时候他们还能把书中熟悉的故事内容，分角色进行表演。孩子们爱看的书有绘本故事、漫画书、动画片内容的图书，如巴啦啦小魔仙、喜羊羊和灰太狼、儿童画报之类的图书。而对科学类的图书，如可爱的身体、昆虫王国、全方位健康、太空等不是很有兴趣阅读，只有在自己喜欢的图书被别人拿走后，才会很不情愿地拿起科学类的图书翻看，没有长时间阅读的习惯。

🔍 解读分析

从幼儿年龄特点及在图书阅读时观察所发现的现象，在选择图书时，封面形象突出、画面内容有趣、同伴经常喜欢翻看、谈论的图书是幼儿首选。幼儿对科学类图书不感兴趣一种原因是他们对内容觉不熟悉、不喜欢、画面不好看，还有一种原因是和他的生活经验相差太远，他们觉得科学类图书太难懂，所以不喜欢。

✅ 解决建议

可以增加科学类图书。把书中的文字或图片用实验操作的方式进行验证，让幼儿通过亲身体验感受科学类图书的有趣和神奇，并在体验的过程中运用已有经验或逐渐获得新经验。

其次，科学知识在日常生活当中最好能有所体现，将日常生活中见到的、听到的、闻到的多和孩子的实际生活联系起来，如读完贝壳，家长带着孩子去海边的时候就看看贝壳的种类，读完土豆就带着孩子一起研究一下家里的土豆，把知识变得生活化，最终内化成幼儿的兴趣，使幼儿喜欢阅读科学图书。根据幼儿的兴趣和发展需要，提供相应的科学探索类图书，鼓励和引导幼儿在书中寻找答案，通过实际操作帮助幼儿丰富观察经验，建立书与事物之间的联系并分享发现和探究结果增强自信。

而且，大班幼儿的学习特点是活动化的共同学习，教师支持幼儿与同伴共同合作探究与分享交流，引导他们在交流中尝试整理、概括自己的探究成果，体验书的神奇与有用，并能把自己的探究过程制作成一本书与同伴分享。

（孙义杰）

◇ 二、知识与技能

1. 活动过程中，幼儿听得很认真，但就是说不上来，是怎么回事呢？

❓ 问题描述

春天来了，幼儿园院子里的玉兰花和迎春花都开了，我和孩子们一起到院子里寻找春天。孩子们兴致勃勃地到处寻找，有的说："迎春花开了，是黄色的。"有的说："玉兰花开了，是紫色的。"还有的说："我觉得天气变得暖和了。"有的说："迎春花有四个小花瓣。"大家你一言我一语激烈地讨论着，我看到瑶瑶听得特别认真，不停地点头，我走到她面前问她："你能告诉大家你发现了什么吗？"她的脸一下子就红了，眼睛直直地盯着我，半天非常小声儿地说出一句话："我不知道。"在其他的活动中，我也发现了类似的现象。我觉得这样的幼儿不像说不出来的样子呀，带着这样的疑问我查阅了相关的资料。

🔍 解读分析

经查阅科学家们的研究资料发现，这样的孩子是自信心呈现度低的儿童，大都表现为不开朗、胆小怕事、总认为没有人喜欢自己。在讨论时，总是只听而不抒己见，有自卑感。当这些儿童面对困难挫折时，常常表现出害怕、退缩而不敢前进。当遇到新事物、新问题时，如果稍有一点难度，他们就会采取放弃的态度。如果教师布置他们做一些有难度的事情时，他们会不加考虑地对老师连连摆手，并说："老师，我不行。""老师，我不会的。"对于这些孩子，如果不注重培养他们的自信心，就会影响其一生。

✅ 解决建议

(1)发现闪光点。教师要有一双发现的眼睛，比如这样的幼儿往往不爱说，做事情却很认真，我们就经常请她帮助老师、小朋友做事情，并在集体面前表扬她，帮她树立自信。

(2)成人做好榜样。成人在困难面前表现出来的态度，对幼儿的影响很大。因此，成人不管遇到什么事情，都要采取冷静、勇敢的态度去面对现实，使孩子在潜移默化中受到教育。

(3)教师鼓励的眼神。当胆小的幼儿在众人面前显得非常拘谨、胆怯的时候，我们要给予鼓励的言语："你要是再大一点声音就更好了。"幼儿刚刚有些进步，教师带头为幼儿鼓掌，使幼儿增强自信和勇气。

在活动中，每个幼儿的表现不同，自信心表现的程度也不同。教师既要面向全体，又要关注个别幼儿，更多地给予胆怯幼儿表达的机会，用积极的态度去影响他们，关注每一个幼儿的不同想法和个性特征，更好地支持幼儿的进步，使幼儿感受到教师的关爱，从而树立自信。

（张慧芬）

2. 如何引发幼儿进一步探索纸的吸水性？

❓ 问题描述

科学区投放了各种各样的纸和一盆水，开展探索纸的吸水性实验。孩子们将纸放进盆里，湿了一张又一张，对每种纸的吸水性能都有了感性的认识，知道餐巾纸的吸水性最强。几轮操作后，大家对材料的新鲜感逐渐消退，幼儿操作活动的劲头也不高了。

🔍 解读分析

幼儿对新鲜事物感兴趣，喜欢通过动手动脑寻找问题的答案。对于大班幼儿，当操作材料乏味、多重复性时，幼儿容易失去在探索发现中感到的兴奋和满足。

✅ 解决建议

(1)鼓励幼儿根据观察或发现提出值得继续探究的问题。如"怎样改变餐巾纸的吸水性，让它慢慢地沉下去呢？"孩子们有的将餐巾纸双层叠，有的将纸折成小船，有的将餐巾纸放在牛皮纸的上面，有的将挂历纸折成小船、把餐巾纸放在小船里……

(2)提供丰富的材料和适宜的工具，支持幼儿在游戏过程中探索并感知常见物质、材料的特性。如幼儿自己收集感兴趣和想要进行实验的纸张，大胆提出自己的猜想，并设法验证。

(3)鼓励幼儿用绘画、符号、照片等办法记录观察和探究的过程，让记录有意义。通过记录表帮助幼儿丰富观察经验，建立事物之间的联系和分享发现。

（关杰明）

3. 幼儿对测量工具感兴趣，但幼儿不会使用或在测量活动中遇到问题时，教师该如何指导？

(1)幼儿不会使用测量工具，怎么办？

❓ 问题描述

孩子们在自然角栽种的大蒜、小麦及水泡的萝卜等，都陆陆续续地发芽和长苗。孩子们每天都会去观察和比较，看看究竟谁的植物宝宝长得好、长得高。一天，尧尧和几个小朋友的争执吸引了我。"我的蒜苗长得高！""不对，我的比你的高一点。""我觉得尧尧的蒜苗高。""你蹲下来看啊，就是我的高。"……过了一会儿，我走过去问大家："你们为什么不用小尺子量一量呢?"尧尧第一个站出来："我来试试。"只见她拿起小尺子插进土里，仔细看，问道"老师，这是多长啊?"坤坤见状马上制止说："你这么量不对?""那你说怎么量?"尧尧反问，坤坤又说："我也不知道，就是觉得你这么量不对。"

🔍 解读分析

幼儿不认识测量工具，不明白什么是测量，多数幼儿处在测量的最初阶段"目测"，通过感知比较量的差异。大班幼儿的测量活动更多是自然测量，如利用筷子、小棍、脚步、身体等作为量具直接测量，仅限于简单工具的测量，而不是标准工具的测量。

✅ 解决建议

"什么东西可以用来测量?"这个问题可以引发孩子们的好奇，促使他们开动脑筋，并尝试有步骤地去探索和发现，在动手操作中获得知识经验，学习知识的方法和得到能力的提高。

尝试用相同的工具进行测量，如尺子。并在集体活动中学习尺子的测量方法，比如使用时，被测物的起点要和尺子上的"0刻度"对齐，测量完在尺子上留下标记或用手捏住，记录下长度。如果不够长，在测量下一段时，尺子头部要和上次的尾部相接，这样能测得比较准确一些。

可以引发幼儿讨论：选择相同的工具测量为什么会出现不同的结果？能够更好地帮助幼儿掌握方法：找准起点，延边线测量，用笔或手来标记，首尾相连等。

（关杰明）

(2)幼儿不能准确测量，怎么办?

❓ 问题描述

自然角里孩子们自己种了各种各样的小植物，有葫芦、黄豆、花生、蒜、丝瓜等，在孩子们的精心照料下，小植物们悄悄地发了芽，慢慢地长高了，孩子们都细心地为自己的小植物记录着生长过程中的变化，萱萱在自己的葫芦种子旁边插了一根筷子，隔几天就去看一看葫芦苗长了多少，然后葫芦苗长到哪里了，就用彩笔在筷子上做个记号。亮亮的花生每天都去观察，如果发现有新的变化亮亮就会在他的小本子上画下来，然后写上几月几号。莹莹种的蒜长得最快，她每次记录的时候就拿自己的绘画笔量一量，然后在记录纸上画一只绘画笔，再画一个小植物，来记录蒜苗的高度，过了一个周末，蒜苗就长到两只绘画笔那么高了，莹莹画的时候可兴奋了，一边画一边说我的蒜苗长得最高了。

解读分析

处在幼儿园大班的孩子随着年龄、认知的增长，他们越来越喜欢摆弄和操作，并能进行简单的比较、分类、测量、判断等活动，尤其对周围生活中事物的变化感兴趣，但是孩子们在没有经过专业的学习，他们在进行操作的时候往往都是根据自己的生活经验来进行的，还不能运用准确的方法进行测量。

解决建议

针对幼儿的年龄特点，教师可以设计针对性的教学活动，来提高幼儿准确测量的能力。

①用测量的方法解决生活中的具体问题，体验测量在生活的应用。引导幼儿比较测量的结果，探讨发现测量的正确方法。讨论：选择相同的工具测量为什么会出现不同的结果？方法：找准起点，沿边线测量，用笔（拇指）画个记号，首尾相连。

②引导幼儿交流测量的结果，并初步认识测量工具和测量结果的关系，积累测量经验。讨论：量相同的位置测量结果一样吗？为什么？

（孙　宁）

4. 幼儿喜爱齿轮玩具，玩法单一，怎么办？

问题描述

区域活动开始后不久，晨晨又来到了科学区选择了齿轮联动的玩具。晨晨是一个非常喜欢动手的小朋友，喜欢在科学区探索新鲜事物。三天前，在区域评价之后，晨晨就喜欢齿轮玩具了，在第二天的区域活动时他就选择了齿轮玩具。在玩了一会儿后，我发现晨晨只是将几个齿轮进行了简单地连接然后就摆弄起齿轮来。今天，晨晨又来到了科学区，他选择了同样的齿轮玩具。这次晨晨还是用了几个齿轮简单地连接起来。

解读分析

《指南》中科学领域指出"激发探究兴趣，体验探究过程，发展初步的探究能力。注重引导幼儿通过直接感知、亲身体验和实际操作进行科学学习，不应为追求知识和技能的掌握，对幼儿进行灌输和强化训练"。齿轮玩具是晨晨从未接触过的玩具，而且齿轮这种材料距离孩子的生活较远。新鲜的玩具刺激着幼儿，让幼儿对新玩具产生浓厚的兴趣。但是由于幼儿对新玩具没有经验，所以幼儿在游戏过程中会出现游戏玩法单一的现象。所以教师应该合理利用幼儿对游戏的兴趣，创设自主宽松的环境，引导幼儿通过操作、观察提高游戏水平。

✅ **解决建议**

(1)教师可以引导幼儿开展不同的探究实验活动，并在区域活动时能进行有针对性地实际操作指导，帮助幼儿积累新的经验，幼儿就可以尝试将新的经验迁移到新的游戏当中，提高游戏的水平。

(2)利用齿轮游戏的说明书帮助幼儿丰富已有经验，通过借助说明书帮助幼儿游戏。

（王坤雨）

5. 幼儿在玩电路玩具连接小灯泡时，灯泡总是亮不起来，怎么办？

❓ **问题描述**

瑞瑞今天在科学区玩的是电路玩具，他在电路玩具的示意图上找到了一个最难的示意图，并认真地按照示意图将电路图拼完了。在拼完之后，他发现自己的电路上的小灯泡总是不亮。我走到他身边问他："你的小灯泡为什么不亮呢？"他挠了挠头，看了看示意图，又看了看自己的电路玩具摇了摇头。

于是，瑞瑞开始在玩具框里找，他找了一会儿将一个开关安在了一根靠近灯泡的电线上。可是灯泡还是没有亮，他又反复检查实物与示意图，没有发现不同。

🔍 **解读分析**

瑞瑞是一个做事比较粗心的孩子。在玩连接电路的时候，瑞瑞非常急于连接电路让小灯泡亮起来，但是却没能仔细观察示意图。应引导幼儿通过观察、比较、操作、实验等方法，学习发现问题、分析问题和解决问题。

✅ **解决建议**

(1)用跟进提问的方法，引导幼儿比较、思考。瑞瑞是因为没有仔细观察示意图，所以连接的小灯泡才不会亮。在发生问题时，教师可以与幼儿一起检查电路示意图，比较自己的连接电路与示意图的不同，然后改正。

(2)在一日生活中培养幼儿细心做事情的好习惯。在过渡环节时教师可为幼儿创设一些培养幼儿细致观察的游戏，如找不同，锻炼幼儿细致观察的能力。

（王坤雨）

6. 实验操作中幼儿不会看说明书或步骤图，怎么办？

❓ **问题描述**

科学区里，小雅和航航在做电路拼摆的玩具。小雅说："这个电路图好难啊，根本看不懂。"航航提议："那我们去问问别人。""小坤，你会看这个图吗?"小坤拿过来一看，摇了摇头。于是小雅和航航就放弃了，换了一筐材料。他们拿起一筐造纸游戏的材料，航航翻了翻说："都是字，我不认识啊。要不咱们问问老师吧?"

🔍 解读分析

首先，幼儿的思维主要特点仍是以具体形象的思维为主，大班幼儿的抽象思维开始萌芽。所以在科学区进行操作实验的时候，说明书和步骤图的提供尤为重要。如果教师提供的说明书和步骤图只是文字的形式，对于幼儿来说操作性很难。其次，幼儿并不会看说明书或步骤图，教师没有给幼儿看说明书或步骤图的经验。在投放说明书和步骤图的时候也要考虑到幼儿的年龄特点。例如：小班可用照片的形式出示，直观明了；中大班幼儿可以图示的方式呈现；到了大班，就可以用简单的文字、符号和图示出示给幼儿。让幼儿能直观、具体地查看，进行实验操作。

✅ 解决建议

首先，要检查步骤图或说明书的呈现方式是否符合幼儿的年龄特点，和本班幼儿的实际水平。其次，根据本班幼儿看图的能力，为幼儿准备适宜的步骤图或说明书。出示的形式可以多样化，文字叙述要简介，也可用符号代替。要体现直观、具体性。最后，还可以让教师加入实验操作中，带领幼儿认识说明书或步骤图。在活动区结束后，可以让实验的幼儿把实验步骤用自己的形式(绘画、符号等)记录下来。记录表就可以留在科学区，提供给之后再操作的幼儿观看参考。

（于　杰）

7. 幼儿不能正确记录实验结果，怎么办?

❓ 问题描述

科学区实验时间，多多和丁丁在玩造纸的操作材料。虽然实验的时候她们操作得很顺利，但是实验结果却失败了。实验结束后，丁丁对多多说："多多，为什么咱们没有成功?""咱们泡的纸还是一块一块的，并没有泡成纸浆。""是啊，我们可以把问题或者困惑记录下来，可以问小朋友们。"于是她们就开始准备材料画了起来。多多说："我们就画一张纸，再画个叉号，就行了。"她们就这样把实验的结果记录了下来。第二天，玲玲来到科学区发现了她们的实验结果，拿着图找到老师问："老师，昨天实验的小朋友画的实验结果是什么意思呢? 是不能用纸实验的意思吗?"

解读分析

《指南》中指出："为幼儿学习用多种方法（实物记录、录音、绘画、模型、照片等）对感兴趣的食物进行记录和交流提供各种条件。"幼儿不能正确记录实验结果，首先教师要反思为幼儿提供的呈现方式是否符合幼儿的年龄特点及本班幼儿的情况。幼儿在尝试记录的初期可以运用绘画的形式代替文字，但是每个幼儿的绘画思维是不同的。所以在记录的初期，教师应该多为幼儿提供丰富的呈现方法，让每个幼儿都能准确地记录。通过记录帮助幼儿丰富经验，建立事物之间的联系和分享发现。

解决建议

首先，和幼儿共同讨论记录的方法。让幼儿了解实验结果可以通过不同的形式记录。其次，在尝试记录的初期要考虑幼儿的实际水平，可为幼儿提供录音机、照相机等方式，更直观的记录幼儿的实验结果。最后，和幼儿讨论，制订简单的符号代表不同的实验结果，规范不同符号的意思，如问号代表实验出现了问题，叉号代表实验失败等。

（于　杰）

8. 在探索游戏中，幼儿总是放弃，怎么办？

问题描述

科学区的游戏开始了，邱岩轩和刘璞瑜选择了"五颜六色"这个玩具，拿到玩具两人一起看了闯关图片，然后开始从第一关开始拼摆。第一关很容易就拼出来了，两人一起找第二关需要的板块，刘璞瑜说："第二关让我来闯吧。"这时，邱岩选已经找到了一片放好了，对照图例发现不对，把板块拿出来，刘璞瑜一边在筐里找正确的一边说："错啦。"他找到一块放好说："应该是这个。"邱岩轩也很快找到另一块递给刘璞瑜，两人把两块板子叠落在一起，在对照图例发现不对，两人又继续边找边对比，持续了三分钟，两人发现还是拼摆不出来，然后选择放弃，直接翻到下一关。两人开始找这关需要的板块，2分钟后找到了两块和图片一样的板块，摆了半天还是摆不出和图片一样的，两人又同时选择放弃，继续翻到下一关。

解读分析

幼儿对新投放的玩具很感兴趣，在闯关游戏中，两人通过观察、对比能找到和图片一样颜色、形状的板块，但是不能拼摆出图片中的图形，在遇到困难时，两人同时选择放弃。

✅ **解决建议**

　　《指南》中指出："大班幼儿探索中能与他人合作。"当幼儿遇到困难选择放弃时，教师介入，引导、鼓励幼儿想办法解决，坚持到底。老师说："这一关你们都找到正确的板块了，怎样摆放就和图片的样子相同了？"瑜瑜翻回刚才的那页，找回两个板块，不断地转动板块的方向，最后终于摆出正确的图形，两人同时看了看老师，老师点点头、笑了笑，接下来他们继续闯关。最终闯关成功，幼儿获得自信。

　　幼儿经过自己的努力终于闯关成功，教师给予温暖回应，无形中让幼儿增强了自信心，获得成功感。

（张　昊）

9. 怎样引导幼儿记录观察到的现象或变化？

❓ **问题描述**

　　自然角开设了大蒜种植区。孩子们很感兴趣，纷纷从家里带来大蒜，有的用水泡，有的用土栽，还投放了"蒜宝宝成长记"的观察记录表。

　　孩子们经常会来植物角观察大蒜，给各自的"蒜宝宝"浇水、换水，相互比较谁的蒜苗高。但却没几个人主动记录"蒜宝宝成长记"，每次都是在老师的提醒下才去填写记录表。有一次老师询问正在观察大蒜的琳琳："为什么不把观察到的变化记录下来？"琳琳说："我不知道怎么写。"

🔍 **解读分析**

　　多数幼儿的兴趣点集中在观察和照料植物上，没有在观察后记录现象或变化的意识。教师也没有经常组织幼儿进行观察记录的活动，只是在提醒下进行引导，幼儿关注不到记录表投放的作用，不了解观察和记录的联系。

✅ **解决建议**

　　首先，通过拍照和画图的方式，保留和积累有趣的探索与发现，并将这资料创设在种植区，逐步增加幼儿对观察记录的兴趣。经常引导幼儿针对问题或现象进行大胆猜想，适时地做一些调查、实验和记录，了解"记录表"能够验证结果、对比植物生长变化等，尝试在探索活动中，以小组学习、合作的形式记录现象和结果。

　　其次，可以讨论调查对象、步骤和方法等，和幼儿一起设法用图画、符号等标识呈现记录。注意让记录有意义，通过记录帮助幼儿丰富观察经验，建立事物之间的联系和分享发现，使幼儿喜欢和愿意进行观察记录。

（张佳宝）

10. 观察记录表需要每天都填写吗？

? **问题描述**

现在班里的自然角很受欢迎，每个人都有一份自己的观察记录表，孩子们都很兴奋，所以每天都去自然角进行记录。有一天，我翻看孩子们的观察记录表，发现大家记录的内容很相似，每一页画的植物都差不多，看不出明显的生长变化。这时，雯雯把自己的记录本递给我："老师您看，这是我记录的萝卜。"我蹲下来仔细看了看说："怎么这几页都是一样的呢？"雯雯想了想回答："嗯，是有点像，那我明天再来记录。"

Q **解读分析**

每个人都有自己的植物和自己的观察记录表，激发了孩子们照顾动植物的兴趣。所以，孩子们喜欢也愿意去观察，并将自己小植物的生长过程记录下来。但幼儿在自然角的记录方式是单一的，导致记录的内容每次都很相似。自然角中幼儿观察记录的类型应该是多种多样的，才更能激发幼儿的探索欲望，教师也要有效地指导他们进行观察记录。

✓ **解决建议**

首先，有了观察兴趣，还必须在观察方法上加以指导。孩子不是天生的观察者，在观察自然角植物过程中教师必须教会幼儿一些正确的观察方法，让幼儿学会有目的地去观察自然角的各种动植物。如根据生长环境给植物分类，了解哪些植物耐寒或耐旱？哪些植物需要每天浇水？多长时间给水培植物换水？增加幼儿在自然角除观察以外的动手操作机会。其次，和幼儿一起商量讨论：什么时候需要记录？怎么记录？除了绘画、书写的方式还可以怎么呈现记录的方式，如照片、测量的记录方法，更直观地引导幼儿观察和发现植物生长过程的变化。

（张佳宝）

11. 幼儿在造纸游戏中不会分工合作，怎么办？

? **问题描述**

在科学区玩造纸游戏的几名幼儿突然争吵起来，然然说："我来磨碎纸。"小雨说："不行，我来磨！"亮亮抢过来说："我一次还没磨过呢。"大家纷纷争抢造纸工具，互不相让，谁也不甘示弱，都想自己先来磨纸浆，弄得桌面上的操作材料一片狼藉。在争抢的过程中，水花四溅从桌子上流到地上，溅到了脸上，弄湿了衣服，最后，伴随着"啪啦"一声，手柄的盖子掉到地上，容器里的碎纸和水也打翻了，大家谁也没好气地说："干吗呀!""都是你，都是你!""你弄得你收拾。""你们也抢了!"谁也不承认是自己的过错，相互推诿，场面一片狼藉……

解读分析

活动区游戏时，幼儿之间容易因为一些困难、一点问题出现分歧和争执。三名幼儿游戏的积极性较高，都想尝试用手柄搅拌纸浆，以自我为中心，不能够友好地协商。在实验操作类活动中的合作意识与解决问题的能力有待提高。

解决建议

(1)教师不急于批评幼儿，先了解原因。引导幼儿注意到因为自己的行为所带来的后果，让幼儿自己寻找解决问题的办法，自行解决。如教师可以这样引导说："这么多水洒在桌子上，滴在地上，还弄湿了衣服，玩起来太不方便，怎么办呢?""大家互相争抢，也都玩不了，有什么好办法可以让每个人都能玩呢?"

(2)转移不友好因素，将幼儿引回关注点。如"孩子们，造纸都有哪些步骤?""这么多步骤还挺难记的。""那咱们这么多人怎么玩?"引导幼儿根据步骤图，有目的地进行操作，尝试分工、配合、协作着玩游戏，并懂得有些操作可以轮流进行。

（孙　宁）

参考文献

1. 罗洁.《幼儿园教育指导纲要（试行）》实施细则. 北京：同心出版社，2006.

2. 中华人民共和国教育部.《3～6岁儿童学习与发展指南》解读. 北京：首都师范大学出版社，2012.

3. 李季湄，冯晓霞.《3～6岁儿童学习与发展指南》解读. 北京：人民教育出版社，2013.

4. 张俊. 幼儿园科学教育. 北京：人民教育出版社，2004.

5. 秦元东，王春燕. 幼儿园区域活动新论：一种生态学的视角. 北京：北京师范大学出版社，2008.

6. 王月媛. 幼儿园教育活动·自然领域. 北京：人民教育出版社，1994.

7. 徐明. 幼儿园教育活动教师参考用书自然领域. 北京：人民教育出版社，1996.

8. 刘占兰. 蚯蚓，影子和漩涡——幼儿班里的科学活动. 北京：北京师范大学出版社，2008.

9. 吕颖. 幼儿学习环境的创设. 北京：北京师范大学出版社，2014.

10. 吴邵萍. 幼儿园开放性区域活动指导. 北京：教育科学出版社，2015.